青森文化

有形有名的事物易見，無形無名的境界難知。

唯其無礙，所以有容；因其有容，便見無礙。

我是這樣讀老子的

道，就是萬物所由的道路，又是天地所生的根據。

分散而言，是萬物；統合而言，是天地。道更在天地萬物之先。

何震鋒 著

俗世中人汲汲營營，希望獲取世間的事物，所得的仍是在外，

於我們自己不必有所裨益。得之在外的東西，終將失去。

反之，老子教人得之於內，得道於心，這就不會失去。

所謂得道於內，就是「德」。

當人實踐其道的時候，就形成他的德，德是得之於內，得道於心。

無名，就如少女之初，內具一切可能性；

有名，就如偉大的母親，生出天地萬物。

U0164654

向
唐君毅
致敬

目錄

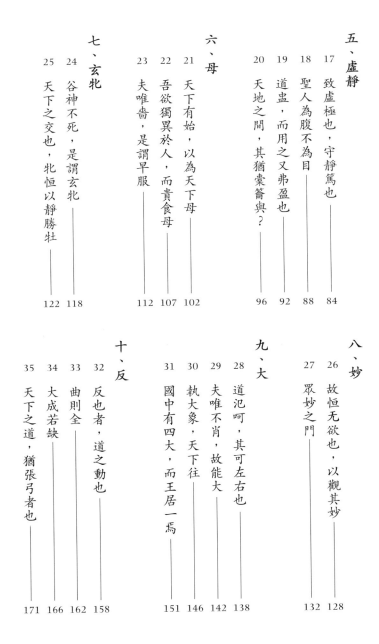

00 序

寵辱若驚

我喜歡讀書，也喜歡交友。於2008年，我在《李天命網上思考》，又稱「思園」，結交了姚澤琛兄。那時我從漫長的旅行回港，正著手寫作。雖然錢財緊絀，僅能維生，但我是鐵了心要做學問的，而且要探索道家學術。琛兄大概猜想到我是一個四無掛搭的年輕人，於是他鼓勵我說，大凡古之聖賢才子，都是蓋棺論定的，因此在有生之年，我們都要奮鬥，為自己也好，為身邊的人也好，為了家國天下也好。他又說，當一個人的天機發動，這個人於現實世間的野心就會漸漸減退，乃至熄滅。因此，他祝我「天機不息」。本來我是打算不上網而專心著述的，但知心難求，於是我用了「穎」這個網名，在他所開的論線留言，直到思園於2018年關閉。須知我之所以用這個網名，是因為這就是我所喜歡的女生的名字，我覺得很好玩，便用了她的名字來上網，而我之上網寫東西，也是為了她。一如我寫的這本著作。

我與穎也是網上認識的，我們見過一面，而一見傾心，從此我的世界改變了。而我與琛兄，神交多年，也是去年才第一次見面。我們約了在尖沙咀的一間餐廳吃飯，一談便是一個晚上。我們可說是一見如故。上一部書《我是這樣讀論語的》的稿件，我也給琛兄過目了，面談時他拿出一疊打印稿，寫滿了評語，又提了不少有用的修改意見，都令我受益匪淺。牟宗三在《五十自述》中說過，年輕人一無所憑，因此他要以傲氣自持，才不致被俗世淹沒。但是我不這樣，一來我的環境不如前人艱難，二來我有我的知心好友。唯有書生能本色，而寵辱不驚。對於寵辱的滋味，我多少也嘗過。雖然我不能做到完全不動於心，但修養工夫多多少少是有的。老子說：

> 寵辱若驚，貴大患若身。何謂寵辱若驚？寵之為下，得之若驚，失之若驚，是謂寵辱若驚。

「受寵和受辱都會令人驚慌，重視身體好像重視大患。『受寵和受辱都會令人驚慌』是甚麼意思？受寵是一件卑下的事，得到了會驚訝，失去了又會驚恐，這就是『受寵和受辱都會令人驚慌』的意思。」受辱固然令人驚恐，但受寵也會令人害怕失寵。辱受驚，寵也受驚，只因寵辱不能自主，而是依附他人。如果人不能自主，而很容易受外界影響，那麼身心都會處於不穩定的狀態。不但寵辱如此，老子還說：

> 何謂貴大患若身？吾所以有大患者，為吾有身也，及吾无身，有何患？

「『重視身體好像重視大患』是甚麼意思？我之所以有大患，是因為我有身體，如果我不執著身體，那會有甚麼值得憂慮呢？」有了這個身體，我們不但要用心保存它，而且要滿足它的各種欲望需要。如果人執著耳目口鼻的愉悅，或者不時為它的健康完好而憂慮，那麼身體就成為人的大患了。我的憂慮是來自對身體的執著，當我忘掉身體，回歸於自然之道，我又有甚麼憂慮呢？因此，老子的貴生思想，就是一種放下執著的哲學。老子又說：

故貴為身於為天下，若可以託天下矣；愛以身為天下，如可以寄天下矣。

「因此，重視治理生命多於治天下，如此就可以把天下託付給他；愛惜生命多於愛天下，如此就可以把天下寄存給他了。」這一句向來不得善解。老子在上一句說忘身，但在這一句卻教人貴身、愛身。劉笑敢老師指出上下兩句的「身」字，乃含有歧義。上句指的是身體，這一句是泛指自然生命。身體固然是生命的所在，生命憑藉身體來有所作為。但生命卻不限於身體，自然生命卻具有創生的意義，包括變化身體，具有使之成長的力量。故此，貴生不得於執著身體。也只有忘身，才能使自然生命順適和諧。

我在這部著作中，談到「天下母」、「玄牝」、「赤子」等義，就是老子以母親生育嬰孩，來表示他所體會的天人關係。而書中又談論到「食母」，就是修道者採取先天一炁，回復生命的本然狀態。於是琛兄說這有點唯物主義的意味，並介紹我看王廷相的書。對於這樣的評價，我也不否認，不過我更喜歡「氣化論者」這個名稱。老子重視的是大道，即是萬物各由其道，並行不悖，自然自爾。我們也可視這自然之道，是氣化的歷程。畢竟，離氣求心，了不可得，心之為心，須在氣化中實現它自己；而氣之為氣，也需要心的照明。如果這個世界沒有意識，也就沒有對於氣化的意識了，更遑論氣化或唯心的哲學？雖說「實證相應，千古唯心」是千古不刊之論，但在實踐上，並沒有一個心，又有一個氣，而是心氣合一的。

我寫這一部著作，的確較重視宇宙論的氣化之義。此外，此書也表示了重要的一點，就是作為男人，老子崇拜女性，乃至重視性愛於宇宙間的力量。人從自身的愛情，體會到宇宙賦予他的生命力量，並且因此體會到宇宙氣化是甚麼一回事。老子甚至以男女性交來比如大國與小國的外交。這就如「牝常以靜勝牡，以靜為下」，在性愛之中，女性大多處於被動，處於受位，而令男性俯首稱臣。關於老子重視性愛與生育這一點，以前很少學者提到，而在這一點上，我受李零先生《人往低處走：老子天下第一》一書所啟發。正如我之上網留言，我之所以寫這部著作，也許就像老子所說，是受了生命本源的力量所驅動，都是為了一個原因：女性崇拜！若能把握以上要點，則思過半矣！是為序。

何震鋒序於其樂山房

2022年6月21日

一、道

01

道可道，非常道

道，就是萬物經由的道路。道路有多條，君子有君子道，小人亦有小人道，而社會上守著不同崗位與身分的人，都有他們的道，王有王道，霸有霸道，君行君道，臣守臣道，乃至尋常夫婦，都有夫道與婦道。若然人不行他們該行的道，人便謂之「無道」，甚至盜亦有道。道，就是萬物成為其自己的道路，由此可引申成為萬物之所由的根據。人各有其道，雖可說「道不同，不相為謀」，但中國人相信「道並行而不悖」、「天下同歸而殊途，一致而百慮」，就在終極之處，萬物是會相遇的。若能使天下人皆有道路可走，這就為天下之大道，而能讓萬物自然而成，不塞其源，不禁其性，那便是天道。道，就是萬物由原本通達有成的道路，在宇宙論上，道就是天地萬物的本源與行徑，也就相當於哲學上所講的本體。

〈約翰福音〉說：「太初有道，道與神同在，道就是神。」這裡是以「道」來翻譯「邏各斯」。邏各斯是萬物的理則，亦是思考的法則，大凡存在之所以為存在，都是可被思考的，不被思考的，我們亦一無所知，亦說不上存在與不存在。人為萬物的尺度，大凡存在的，就是可被思考的，因此存在的理則，同時是思考的法則。因此，哲學家研究邏輯學，既是思考思考的法則，同時亦在探討存在的理則。邏各斯甚至有言說的意義，大凡是理則，就須可言說出來的，只有陳構清楚，才可顯出事物之理，反之則不然。我們也可以這樣說：我們之所以看見事物如此——它是這種形狀、顏色，都是因為我們具備了相關的語辭概念，而把它看成這樣。所謂的邏各斯，就是聖言，神通過聖言創造萬物，於是「神說要有光，就有了光」。

理查．布克在《宇宙意識》一書中，探討自我意識與語辭概念的關係，他說意識的演化，意識首先是單純的意識，它意識到他物，從而產生感覺，並再由多種感覺產生同一事物的心象，進而產生抽象的概念。當人能產生概念及由之而使用語言，即人能對自己的意識作出反省，此時人應該能對自己的思緒、情感作出思考，並進而意識到自己的意識，因而產生自我意識。相對單純意識產生感覺，進而心象，自我意識屬於意識演化的第三階段。再進一步的，即最高級階段，即意識將成為宇宙意識。所謂宇宙意識即意識到宇宙是一個整體存在，並且是有覺性的。自我意識及宇宙意識是意識的高級階段，有意識只知道自己的感覺與行動，而不知道意識自身，正如有人覺察到宇宙中的事物而意識不到宇宙。然而，在《老子》之中，我們發現這句說話：

道，可道，非常道。

在帛書之中，這句寫成：

道，可道也，非恒道也。

由此我們可以確定「常」不當解作「泛常」、「一般」的意思，而應該解作「恆常」、「永恆」的意思。至於「道，可道」的第一個「道」字，就是天地萬物本源的意思；而第二個「道」，就是言語談說的意思。有學者指把「道」當作談說的意思，是唐宋時期的口頭語。至於郭世銘就指出，於先秦時代，「道」之一字，就有言語談說的用法，比如《論語》就有「夫子自道也」之句，而《孟子》亦有「仲尼之徒無道桓文之事者」之語。這足以證明，於先秦時代，「道」就有言語談說之意。

老子於此分別了可道的世界與不可道之奧秘。對於言說之道，我們就須要用到概念名言，王弼指出所謂的言說之道，就是對事物指事造形。當我們運用概念名言，對事物作出描述刻畫，那都是作為對象的事物。道是萬物的本源，它不是經驗對象，我們甚至不能以概念思考，對它有對象化的把握。我們一般的認知，都有主體與對象，因而有主有客。我們可以對客體有種種言說，甚至把自己的心理現象也對象化，而加以探討。但就主觀的心靈本身，它是永不能被徹底對象化的。當我認識我的心理活動，乃至反省我的認知活動，總有一個認識主體，它永為主不為客，縱然我們把它的表現都對象化了，但總有一點，就是我認識的出發點，它只能是主體，而不能是對象。對於主觀的心靈，我們尚且不能加以客觀認識，況且超於主客之上的本源之道呢？經驗世界的構成，乃至概念領域的存有，都是由主客對立的結構所使然，即是認識對象，無論具體的，還是抽象的，都可被心靈所認識或思考的。道，乃是超出對象化思考的，而語言的主要功能，就在成就對象化思考。我們可以由對象化思考，而否定之，從而憑空想像出一個超出思考的道。但是我們須要警覺，當我們想像在思考之外，有一個超出思考的道，也是一種對象化思考而已。因此，老子對於道的思考，說：「吾不知其名，字之曰道，強為之名曰大」，「道」是字，是姑且給予一符號提示；「道」不是名，不是可以循名求實之名。關於老子之名理之說，我們在下一章還會詳細探討。

理查．布克說得好，我們總是意識到宇宙中的具體事物，而不能意識到宇宙本身，甚至不能意識到意識宇宙的宇宙意識，或意識宇宙本身就是這個宇宙意識。只因我們太習慣了把事物加以對象化，若不是一經由感官經驗或概念思考，我們對宇宙一無所知，毫無所覺。老子就是要透過沉默，恢復我們的純粹意識，亦即是宇宙意識，使我們回歸天地萬物所由之道。然而，在我們保持沉默之前，必須說出一套哲學，好使我們得到回歸沉默之道。正如馮友蘭在《中國哲學簡史》的最後一句話提到：「人往往需要說很多話，然後才能歸入潛默。」[1]

1 馮友蘭著；趙復三譯《中國哲學簡史》（香港：三聯書店，2005年），頁338。

02

有物混成，先天地生

道，既是萬物所由的道路，又是天地所生的根據。分散而言，是萬物；統合而言，是天地。道更在天地萬物之先。所謂「先」，不一定是指在時間軸上的先，而是指在本體論上更為基本的意思。也許，我們聽聞「先」的一字，會想像在宇宙奇點之前，已有一個道存在，而道就作用於宇宙大爆炸，於是宇宙萬物逐步生成了。然而，道不是真的在天地萬物以外，另有一獨立存在的實體。道是無限的，即是不會在道以外，別有一些東西。因此，天地萬物就包含在道之中，即是沒有東西能逃逸於道之外。但我們亦不好想像道是一個更大的空間，包含了天地，只因天地便囊括所有時空，此外更無所謂空間。道不是這樣的東西——不能說它在時空之內，但又不能說它在時空之外，它不能以時空之相去名狀，正如我們不能說紅色本身究竟有多大多長，因為那是範疇誤置。也許，道是無限，就在於它體現於天地萬物之中，而不是自成一獨立實體。《莊子》之中，就有以下這番對話：

> 東郭子問於莊子曰：「所謂道，惡乎在？」莊子曰：「無所不在。」東郭子曰：「期而後可。」莊子曰：「在螻蟻。」曰：「何其下邪？」曰：「在稊稗。」曰：「何其愈下邪？」曰：「在瓦甓。」曰：「何其愈甚邪？」曰：「在屎溺。」東郭子不應。

東郭子問莊子：「所謂道，在哪裡？」莊子說：「無所不在。」東郭子說：「請你具體說出來。」莊子說：「在螻蟻。」說：「何以這麼卑下？」說：「在雜草。」說：「何以愈來愈卑下？」說：「在磚瓦。」說：「何以愈來愈過分？」說：「在屎溺。」東郭子不再回應。可以想像，在東郭子心目中，道作為天地萬物的根源，何其尊貴崇高，但莊子卻專挑一些卑下的東西來說，於是這些回答十分不合東郭子的預期。所謂道是無限，就在於它體現於萬物之中，包括螻蟻、雜草、磚瓦，甚至屎溺。我們就是即於天地萬物去體會道。然而，老子提醒我們，雖然道就體現於天地萬物之中，但是天地萬物不能就窮盡道。老子說：

> 有物混成，先天地生。寂兮寥兮，獨立不改，周行而不殆，可以為天下母。

所謂「有物」，不是像有些現代學者所說，道是物質，而老子是唯物論者。在古代漢語之中，「有物」大概是指有個東西，它先天地而生。所謂「混成」，是指它不像經驗事物稜角分明，也不像思想概念那般明確清晰，它不是憑感官經驗或概念思考所能把握，只好說它是混成。就在概念和經驗尚未形成，道就在了，它是經驗世界和概念思考的根源，天地萬物由之而生。老子說道「先天地生」，即是指道不為天地萬物所窮盡，縱使有日天墮地覆，道亦不受絲毫損害。由此看來，道好像在天地萬物之外，另外有一種獨立的性質，就好像自存的實體。雖然我們不好說，道就是獨立自存的實體，但就老子所說，道有實體存在的姿態。一般人將老莊合言，卻不知二者學說有微妙的分別。老子於天地萬物之上獨提道體，且理路明晰，概念分明；莊子則將道融入於天地萬物之中，而毫無頭緒，不見理路。老子堅實而潛沉，莊子透脫而豁顯。合老莊之說，我們知道道不即不離於天地萬物，既不能離開天地萬物尋找道，也不能說天地萬物就窮盡了道。至於「寂兮寥兮」是指道之為物，看不見，聽不到。所謂「獨立不改」，嚴復解釋：「不生滅，無增減，萬物皆對待，而此獨立；萬物皆遷流，而此不改。」[2]此中，「萬物皆對待」，是指經驗對象有所謂生滅、增減的對偶性，而道就是無相對性，而為絕對。以上幾句都是「有物混成，先天地生」的注腳。至於「周行而不殆，可以為天下母」，就是指道作用於天地萬物，就好像天下的母親一樣。關於母道，或將道比喻為母親的形象，下文我們會有專章談論。

道似一個獨立自存的實體，就好像一些宗教徒崇拜真主於天地萬物之上，就這種崇敬的態度而言，他們視真主為超越的。然而，道又體現於一切經驗事物之中，包括人的存在，因此有些神秘主義者領悟到，他們與真主合一無間，甚至進而向人宣佈，他們就是真主之體現，因而被教眾視為異端，乃至被大群施以石刑。就這種自視為真主體現的態度，他們視真主為內在的。如果老子道為超越的，那麼莊子道就相對為內在的。當然，老莊學說之間，並不是水火不相容的，反而是互相滲透。綜合二說，即可視道若即若離，而又不即不

2 高明，《帛書老子校注》（北京：中華書局，2020年），頁495。

離的。老子重視天地萬物之上，有道的獨立實存，因而重視道與萬物的概念分別，所以屬於分別說。莊子就主張道體現於天地萬物之中，不重視兩者在概念上的分別，而重視二者於實存上的融合，故屬於非分別說。分別，則概念明晰，而綱舉目張；非分別，則具體微妙，而圓融無礙。此如佛家華嚴宗，於法性之海，一念風起，於是有法性與無明，必斷無明而成佛，而為分別說；而天台宗，則銷融分別，言無明即法性，法性復即無明，言不斷斷，即九法界而成佛，而為非分別說，為圓教。此等種種，皆與老子說就概念而言分別，及莊子說就實存而言銷融，皆有一脈相承之處。這亦所以見老子談論道之先在性，此說具有恆久的意義，為各大宗教哲學同類學說的典型，而不可或缺。

老子重視對於「道」的概念分析，而從「道」的概念分析出「混成」、「先天地生」等概念。就「道」的概念運用來說，我們可以加以分析，但就體驗道的方法，我們就須要放棄概念思考，去體會道的「混成」境界。若就體道的實踐來說，我們不用概念分別，但就說明體道與哲學理路的分別而言，我們仍有「分別」與「非分別」的分別。就具此後設的分別來說，這是老子哲學的系統完成，但就實踐上來說，有此概念分別於心，就尚未能及於體道的「混成」境界。關於證道的境界，我們會於下一節詳談。

03

混而為一

道是天地萬物所由的根據，即在經驗世界形成之前，道就在了。經驗世界的形成，它之所以如此，全是由理性存在之如此經驗它。比如，在我們的經驗中，蘋果是紅色的，並不是它白在地便是如此的，而是因為我們有相關的感知能力。又如，在一隻狗的眼中，就看不見紅色了。所謂的經驗世界如此呈現，有一部分是來自經驗者的感知能力，或更確切地說，是因為經驗者具有相關的感官能力和概念思考。經驗世界之所以如此，不是它自身便是如此，而是我們經驗它是如此。它之自身是怎樣的，我們無從得知，這尚不是因為我們的經驗知識未夠進步，而是因為物自身超出我們的經驗能力。當然，物自身是由我們的理智所施設的智思物。我們由體用概念，甚至是因果概念，推想在經驗世界的背後，有一個不為人所知的物自身，它對我們的感官產生刺激，並經由我們的感官能力和概念分別，產生一個有物有則的經驗世界。有些哲學家，就不主張在經驗世界之外，施設物自身的觀念，並且認為經驗事物的本體，就體現在經驗事相之中。比如對一隻杯來說，我們總有不能窮盡的細節，或多不勝數的觀察角度，它的事相總是層出不窮，而它的本體就是無窮事相的集合。因此，本體就見於事相之中，就見於現象之中。因此，現象學的旨趣就在於探討現象界的事相，哲學家揭櫫「回到實事本身」，對現象作出描述，銷解了所謂的本體界。經驗世界之所以如此呈現，本由我們如是如是經驗著。在我們的經驗意識之中，就隱藏了概念分別的能力。我們經驗一張桌子，把它分別於桌子之外的東西，乃是由於我們有「桌子」的概念。就算我們沒有反省，沒有自覺地運用概念，但在我們一般的經驗意識之中，確是含藏了概念分別。這種概念分別的意識，不是天生就有的，我們也是在經驗中學習得來的。這就是唯識宗在俱生我執之外，而另立分別我執的理由了。嬰兒的世界一片渾沌，他們逐漸學會分別事物，直到他們的理智成熟。道既是天地萬物所由的根據，它就不是經驗對象，因此我們既不能以感官作出感知，也不能以概念思考來作出認識了。道不但是混成，而且是先天地生，這是分析命題。我們可以如此分析「道」的概念，但卻不能由此認識道。

道既是混成，以及先天地生，它是獨立絕對的，即是不能以主客對立的方式去認識。更準確地說，我們不能認識道，因認識都是對象化的，將認識事物視為客體。因此，對於道，我們不能正面地有概念化的認識。老子就透過否定的方法，指引人通達於道，這也就是回歸之道。道是天地萬物所由之道，我們通過回歸之道，返回本源，歸於存在的根本。在那裡，沒有概念分別，甚至沒有「我」與「非我」、內外、先後、生死的分別。這是在概念分別之上，達到一種純粹意識，生命剎那便進入永恆。有關否定的方法，老子說：

視之不見名曰夷，聽之不聞名曰希，摶之不得名曰微。

此三句帛書作：

視之而弗見，名之曰微。聽之而弗聞，名之曰希。捪之而弗得，名之曰夷。

由此可見，在今本《老子》中，第一句的「微」與第三句的「夷」錯置了；而「捪」可解作「循」。這三句是指道，視之不可見，聽之不可聞，循之不可得，不能以認識一般經驗事物的方式，對之作出認識。老子繼續說：

此三者不可致詰，故混而為一。

「此三者」即是指「微」、「希」、「夷」，不能置問，我們不能以此方法對之作出認識，更不能對此三者形成概念。由於不能對此三者作出概念分別，所以老子說它「混而為一」，「混」是「有物混成」，而姑且說它是「一」，實即「一」的概念亦沒有。也只有放棄概念分別，回到純粹意識，才能體會到混成的境界。老子繼續說：

其上不皦，其下不昧。繩繩不可名，復歸於無物。是謂無狀之狀，無物之象，是謂惚恍。

其上是指日、月、星，其下是土地。由於道混而為一，就沒有在上的光明，與在下的暗昧。「繩繩」是運動之貌，而道之運動不可名狀，而又歸於「無物」。經驗事物之成，由概念分別而生，無去事物，連概念分別亦無去。因此是「無狀之狀」，即不是一般的狀況，「無物之象」，其中有象，而無稜角分明之物，這就叫做「惚恍」。這都是狀寫純粹意識的狀態。老子又說：

迎之不見其首，隨之不見其後。執古之道，以御今之有。能知古始，是謂道紀。

道沒有古今先後的分別，因此在前面迎接不見其首，在後面尾隨不見其後。既無所謂古今，就無所謂「古之道」與「今之有」，此二句帛書作：

執今之道，以御今之有。

一切都是當下。以當下之道，以統御當下的天下。以此能知「古始」，即無名之道，沒有概念名言的分別，就是「道紀」，回歸之道的總綱。

在認識論上，概念分別是經驗世界的先驗成素，也就是有了概念分別，經驗世界才能如是如是地呈現。然而，我們愈作分別，就離本源之道愈遠。概念分別不但使我們能認識經驗世界，而且能適切應付世間萬事。比如「有毒」與「無毒」的概念分別，在原始人維持生存之時，就產生重要作用。又如「衰變能量」與「非衰變能量」的概念分別，對於發現核能，就有決定的重要性。因此，當文明愈是發展，概念分別愈是複雜，人離開天生本源就愈遠。老子教人以回歸之道，就是深入純粹意識，潛沉於精神內核之中，才能歸於宇宙本源之道。這就是「混而為一」的意思了。

04

道生一

道是混成，先天地生。道不是經驗對象，甚至不能以概念思考去認識，也只有回歸純粹意識，不作分別，才能實證道的境界。故此，對於道，我們不能作對象化的認識，亦不好作概念分別，因為這都不能證悟混成的道，而流於知解邊事；道只能逆覺體證，因而是實證的，且是境界的。雖然對於道，老子談論起來，具有一種獨立實有的姿態，然而如果道是客觀實體，就會產生認識論上的問題：你又怎知道一個不能對象化的客觀實體呢？只有放棄一般的認識方法，我們才能體會道之本體，而稱之作「本體」，不是實體之體，而是體性之體，姑且稱之為「無體之體」，即是一種不是獨立實體的體性。人必須逆覺他的純粹意識，即不作概念分別，好像回到嬰兒無知的狀態，才能體會到混成之境。這是就道作為最原初之東西，天地萬物的本源來說。

對於道的本體論說明，不離工夫論的體會，也只有透過工夫論上的實證，我們才能真正了解道的混成之境是怎樣一回事。然而，老子對於道，也有一些具有宇宙論色彩的論述。老子說：

道生一，一生二，二生三，三生萬物。萬物負陰而抱陽，沖氣以為和。

所謂「道生一」，這個「一」是指「混而為一」，亦即是「有物混成」的境界，道生於混成的一。「一生二」就是由混成，破裂而為陰陽，有了陰陽，就有了分別。陰陽是生天生地的最原初分別，是兩股相反相成的力量。「二生三」就是陰陽二氣生出了形體，生出了實在。「三生萬物」就是由此以往，逐步衍生了一切萬物。萬物皆被賦予陰陽二氣，所謂「沖氣」，蔣錫昌據《說文》中「沖，涌搖也」，而將之解為男女交媾，牝牡相合時，搖動精氣之狀。[3]陰陽和合而萬物得以生發，故謂之：「沖氣以為和。」對於陰陽，古人就他們對於生命的觀察，知道一般的生命，皆由雌雄交合而來，因此將這個現象象徵化為陰陽。在古人的心目中，他們大概體會到人的生命由陰陽二氣而來，生命至於成熟，落實為一陰或陽的身體，又再渴求與對方和合，而更有所生。宇宙就好像具有一股力量，它會演化出人的生命，而這些生命又會受陰陽二氣所驅動，分而又合，合而又分，以至於無窮。這股浩瀚的力量，一而二，二而又一，創造著，遊戲著，個體生出，又再死去，都不過是這股原始力量，或陰陽二氣，變化著自己。人能夠從自身的愛欲，體會這股宇宙力量，因而古人坦誠地體會到，這股原始驅力，或陰陽二氣的流行，不可須臾或離，而這就是宇宙賦予一切男女，甚至是道本身的特性。

3 同上，頁 40-41。

道，就是天地萬物所經由的道路，因此道含有事物的變化歷程之義。人之由生到死，就是道；萬物之成住壞空，亦是道。人一生受愛欲驅動，渴求和合，以至於和諧美滿，他們如此體會自身的生命，也如此體會道。道之作用於萬物，亦是由於陰陽二氣，萬物都好像具有這種對立分合的傾向。古人將天地分判為二，並由天地相交而生育萬物。他們視天地亦為一陰陽。天上雲行雨施，地上欣欣向榮，因而孕育出各種生命。生命的根本就在於愛欲，所以古人亦視天地為一陰陽。愛欲就是宇宙最原始的力量。所謂「萬物負陰而抱陽」，就是指萬物皆來自陰陽，皆具有或多或少的陰陽之氣。後世的太極魚圖，就刻畫了陰陽相對，而彼此交合，陽中有陰，陰中有陽的意思。太極就是愛欲的象徵，愛欲就是奧義。人莫不具有太極，萬物莫不具有太極，乃至天地亦是一太極。天地萬物皆籠罩於原始愛欲的力量之下，而這就是道的作用。

愛欲不但是生理上的事情，它也是一種熱切的渴望，如柏拉圖《會飲篇》中所說的「愛羅斯」。根據希臘神話，人本是四手四足的生物，由於被宙斯懲罰，才被劈為兩半，變成現在的人。那半邊的人，窮一生之力，想找回自己的另一半，重合為一，愛欲由此而生。由此可見，愛欲是一種要求達到人生圓滿的熱望。因此，人具有愛欲，不只是表現於性愛之中，也表現於人追求返歸陰陽未判，有物混成的圓滿之境。人之所以追求最高善，以達至人生圓滿之境，就在於人有這種熱望之情。人具有愛欲，就是自覺到生而為人，有種種欠缺，因此熱切渴望加以填補，這就有了聖哲應運而出，提倡聖人之道。所謂「聖」，即是人之達至至盡之境，而至於人生圓滿的品位；「聖人之道」就是通往聖境的道路。對於老子來說，聖人之道就是重歸於混成境界的回歸之道，而使天下人皆有道路可走，甚至使萬物各得其所，就為之大道。一方面，在宇宙論上，道由一而二，二而三，而生出萬物；另一方面，在本體論上，道就是「混而為一」；至於在工夫論上，人要逆覺體證，回歸純粹意識，體會「有物混成」的境界。聖人就是返歸於一，由自身的陰陽二氣，二而歸一，回到尚未破裂，沒有分別之境。於此，似可有兩個可行的方向：一是向後返回，回到太極之先；二是向前進，求得愛欲的滿足，以達到和合於一的境界。當然，這看似是兩條截然不同的道路，但都不離於回到純粹意識，而通往混一的境界。

所謂「道生一」，不是於道之外，另生出一，而是道由一而生，道就是一，一就是道。真正的混一之境中，甚至連「一」的概念亦無。有「一」的概念，就有一與非一的分別，而有了分別，就不是真正的「混而為一」了。要通達混一的道路，亦即是回歸之道，就不能對於一作概念化思考。至於「陰陽」的觀念，就是由愛欲的體會而來。人莫不具有愛欲，這不但表現於性愛，甚至表現於一切對於圓滿之境的追求。所謂「沖氣以為和」，就是以牝牡交合去說明愛欲，重要的是達到調和，調和就能歸於無分別，不起分別就能回歸於一。所謂「道生一」的提點，對於回歸之道，有如此的重要性，不可不察也。

05 昔之得一者

道是「有物混成」，又是「混而為一」。一方面，道是混成，不像經驗對象稜角分明，或似抽象概念明確清晰；另一方面，道是一，即不能以概念分別加以認識，甚至連「一」與「非一」的分別都用不上。在《老子》之中，有時會為了行文暢順，以「一」字代替「道」，比如帛書就有這一段：

昔之得一者，天得一以清，地得一以寧，神得一以霝，谷得一以盈，侯王得一而以為天下正。

王弼解釋「昔」即是「始」。由始以來，天地萬物即得一，才得以保持。道不但是天地萬物所由的道路，而且就是變化行進的歷程，道保持著天地萬物的存在。天得道以清，地得道以寧；神即是天地的妙用，亦得道以靈動起來；谷之有形而虛空，也得道以盈滿；至於侯王得道以清靜治天下。道保持天地萬物的方式，是使其自然自得，讓它們成為其自己。天地萬物皆得道，侯王亦須得道，否則便是無道。無道者將會顛滅。道既是天地萬物自然自得的根據，那麼就是其本體論上的支持，道使天地萬物成為它自己，道就是自然之道。老子繼續說：

其誡之也，謂天毋已清將恐裂，謂地毋已寧將恐發，謂神毋已靈將恐歇，謂谷毋已盈將恐竭，謂侯王毋已貴以高將恐蹶。

因此天地萬物都須遵循自然之道，而切誡自持它自己，如天不止地自持其清將恐崩裂，地不止地自持其寧將恐塌陷，神不止地自持其靈將恐休歇，谷不止地自持其盈滿將恐耗竭；此等種種，皆是要對人發出警告，如侯王不止地自持貴與高將恐為人所顛覆。道之生天地萬物，有一定的原則，就如道不自持其為道，而讓物各自然。因此，有違於自然之道，就會滅亡。這是老子從天地萬物的運作之中，體會到的普遍原則。侯王治天下，亦應放開一步，不自持，不制宰，不佑有，讓百姓自得自爾，這樣才能長治久安；否則，違反自然之道，政權將會顛滅，侯王也無以自守。

由此可見，道不是天地萬物之外，另有一個實體，稱作「一」。道就是天地萬物所由的道路，天地萬物各有其道，而使其各走各道，自然自得者，為之大道。道是混一，道見於物之自然，物各自然就是大道。道不是經驗對象，而是事物存在的方式。因此，有道或得道，不是真有所有，或真有所得，而是自然自得而已。人生於世，也應該效法自然之道，這樣才不致於陷於顛倒，以致覆亡。人生既作事業，乃至修身，亦不應驕縱自持，專橫獨斷，致令敗亡。若然敗亡，固然有很多現實因素，但在根本處，即是因為人不遵從自然之道，招致打擊，才至於受到傾軋，引致滅亡。如人所謂「強中自有強中手，惡人自有惡人磨」，強人之所以會遇上強人，惡人之所以受惡人折磨，皆因其驕縱專橫，不知收斂；他們自持高強，與自然之道有礙，因而終於顛滅。因此之故，侯王也不能自持高貴，而應該謙下自處，謙下自處則無以卑之，所以是長久之道，否則容易招致損害。

老子繼續說：

故必貴而以賤為本，必高矣而以下為基。夫是以侯王自謂孤寡不穀。此其賤之本與，非也？

因此，高貴以低賤與卑下為基礎，所以侯王自稱為「孤寡不穀」，「孤寡」是謙稱，「不穀」意思即是不善，亦是謙抑自稱。侯王能夠謙讓，自處卑下，不就是以賤為本嗎？由於侯王身處高位，所以更應該要戒慎，不應自持高位，驕橫專斷，而當謙下讓人。侯王應該效法道之不突出自己，不自作主張，不自把自為，而是順應物勢，放開一步，令物各自生。道就是不禁其性，不塞其源的自然之道。侯王治國，也應該遵循自然之道，使百姓自然自得。道生萬物，是不生之生，即是不自持地生；侯王治國，也當不治而治，即是不把持地治。大道用於治國，即是治國之道。侯王有侯王之道，百姓有百姓之道，人皆各得其道，就像物各自爾，那就不必有一個最高存在來包辦一切的善。人各行其是，侯王不過順應世道而已。對於侯王之謙下自處，不自持高貴，老子繼續說：

故致數譽无譽。是故不欲祿祿若玉，硌硌若石。

「譽」即美稱。因此侯王明白若要招致名譽，反失名譽，所以他們才以「孤寡不穀」自謙。因此，不欲如玉為人所貴，亦不會如石為人所賤。「祿祿」與「硌硌」，即是有貴賤的分別。人當無心於貴賤與毀譽，因此不會自持高貴，也不會自譽，所以能免於他人的輕賤與毀謗。反之，自高自大的人，容易令人妒嫉，招人攻擊。人如果能夠謙下自處，則幾能免於這種禍患。因此，首要的是無心於自持，不以高貴自處。

道既是天地萬物在本體論上的支持，道讓天地萬物成為它自己，道就是自然之道。道不似一神教的上帝，以一己意志來創世滅世，道不受個體意志的左右，而是超出一切主觀意志之上。反之，道不自我把持，而是放開一步，令物各自然自得。因此，道生萬物，牟宗三稱之為「不生之生」，即不主宰，不把持，不佔有，而使物自生。道就是天地萬物運作之道，而非在事物運作之外，另擬一個最高主宰，主持制宰天地萬物。老子就是從天地萬物的運作之中，體會自然之道，而侯王用之於治天下，人用之於修身處世，亦是適宜。

二、名

06 名可名，非常名

名之為物，相對於實而言。人言「循名求實」、「名實相副」，就是來自名實思想。所謂名，本是古人認識事物的手段。古人最初面對具體有形之物，乃可以視聽感知，於是給予各種的名。名的作用，原本是指稱那些具體有形之實，於是古人產生循名求實的思想。當然，循名求實只是一些粗糙的語言哲學。後來，名家即了解到，名可以是一些抽象的概念，於現實不一定有所指稱。比如惠施指出：「至大無外，謂之大一；至小無內，謂之小一。」這兩句都是分析命題。他是以「至大無外」界定「大一」，並以「至小無內」界定「小一」。所謂「大一」與「小一」，都不是經驗之物，我們不能在有形世界求得大一和小一，它們只是抽象的存在。

柏拉圖主義者認為，概念是抽象的存在，甚至認為它們有所指涉，而所指涉的是獨立存在的實體。比如在數學哲學上的柏拉圖主義者，就認為數字「三」實有所指，而它所指涉的是永恆存在，即在沒有理性心靈的認識之下，抽象存在「三」還是獨立實存的。當然，我們可以追問「三」是獨立實存是甚麼意思，以及有何理據說抽象存在可獨立於心靈而實存。就算是有關「物自身不可被認識」這個哲學公案，叔本華也指出物自身為理性心靈所知，至少我們的理性思考能夠知道現象背後有物自身。所謂物自身，即是指主觀認識機能與客觀之物互相作用而產生經驗世界的過程中，相對於認識主體的彼端——如我們所能視聽感知的，比如我們看見一蘋果是如此相狀，都是主體與物自身之間的現象，我們總不能越過現象界，而認識物自身。又如蝙蝠的感知機能不同，所經驗的世界亦有所不同。人類與蝙蝠可說是生活在不同的經驗世界之中。此外，無論我們所擁有的知識有多廣博，科學有幾發達，就算是十億光年以外的外太空情況，我們總是在原則上可以對之產生知識；反之，我們對於物自身，總不能構成經驗知識。哲學上對於物自身的問題，存在很多爭議。然而，有一點我們是頗能肯定的，就是：物自身也為我們的心靈所照明，縱使我們不能對之產生經驗知識，但我們的理性心靈知道有所謂的物自身，甚至能產生「物自身」的概念。

概念既生於理性心靈的作用，是人的思想用以把握事物的手段，因此我們要了解道何以是超出思考的、不為名言所指涉，就應該了解到循名求實的思想。關於名實的思想，老子說：

名，可名，非常名。

一般可以說得出的名，即概念，大概都可循名求實，追索到概念所指的東西，而且更進一步反溯到生起概念的意識。理性心靈進行認識活動時，概念一時鮮明起來，認識活動不作用時，名言亦歸於隱沒。因此，老子說，可名之名，不是恆常之名。概念並不是獨立自存的實體。名之為物，不是一種獨立於心靈的永恆存在，它只是理性心靈認識世界的一種手段。

至於有一些概念，它們對於實物並無所指，比如上文提到的「大一」與「小一」。有時我們是透過概念分析去了解一個概念的意義，而有時這些概念是生於玄想。有些東西，我們是不能對之作對象化的認識。比如認識的主體，即是核心的自我。當我們認識一隻杯時，我們所認識的杯是方所，能認識的主體是心能；當我反省這種能所關係的時候，能反省的心靈是主體，被反省的關係是客體；乃至我再反省這反省活動，及反省這進一步的反省，以至於無窮，但我們知道在這一切的背後，總有一個永不能被對象化的心源，我們永不能對它有對象化的認識，而只能自知自明地實證它。這個核心的自我，我們能對之作概念分析，卻不能視為一般概念所把握的客體。又如對於世界，我們可以據佛經中的「世為遷流，界為方位」，把它作概念界定，而不能像一般經驗事物有所認識。世界不是一物，甚至不是萬物的總和，它永遠好像一個認識活動的背景，經驗對象都在它之中被認識。我們能對「世界」能作概念分析，卻不能對世界作對象化的認識，只能對之作出推想。世界，與核心的自我一樣，我們皆不能把它視為客體。雖然我們對於這些概念，不能尋得它所指涉的對象，但我們皆可還原到我們的意識。這些概念都是我們理性思考之物，大概都是我們了解自我及世界的施設。它們也不是亙古常存的，不能是在其自己的存在，而必須相應於意識而為存在。這就是老子「名可名，非常名」的意思了。

我們對於經驗對象，甚至對於抽象存在，可透過概念來認識。然而，道是混成，超乎思考之上，就不能以概念來認識了。我們不能認識道，更不能以概念思考來把握道。道是天地萬物所由的本源，而不是天地萬物之一，也不是獨立於天地萬物的個體。我們固然可以對「道」作概念分析，一如老子由「道」分析出「有物混成」、「先天地生」，但我們卻不能由此認識道，就好像認識其他經驗對象或抽象存在一樣。道是物之所成之道，它不是物，不與天地萬物在同一層次。我們不能對之作一般的認識。也只有放棄概念思考，回到純粹意識，才能體會道。道是混成，人只有進入老子所謂的「惚恍」狀態，才能了解「道生一」的境界。就在此時，沒有概念分別，更無所謂主客、內外、彼此之別，道就是我，我就是道，甚至是無所謂我，一切皆是道的體現。

我們透過名來認識可道的世界，通過歸於沉默來體會不可道的奧秘。當然，道兼無名與有名兩方面，缺少任何一面，皆不能了解道。道的本體不能靠名言來把握，至於道的作用就須要透過認識事物的運作，來加以體會，因而必須以概念來把握經驗事物與抽象思考。一般講老子哲學的人，皆重視無名或無的一面，而不知有名或有也很重要。既要體會不可道的奧秘，也要了解可道的世界，但老子提出了箇中的關鍵，就是理解概念名言的性質。

07 天下皆知美之為美，惡已

道是混成，而為一。名，是人進行概念思考，對於事物作出二分的手段。比如有了「一」的概念，就是將一與非一分別開來，乃至有我與非我的區分。有了概念名言的分別，人就離開道的混成境界。從根本處看，一切概念皆有對偶性，而據牟宗三所說，這種對偶性，是理性思考的範型。他在《理則學》中談到多值邏輯，指出歸根究柢，邏輯建立於「真」與「非真」的對偶性，多值邏輯不能推翻這種對偶性，而這種對偶性又反映於排中律。於是，多值邏輯不能真的推翻排中律。人的理性思考，就建立在概念，概念思考就有對偶性，而「真」與「非真」的二分於邏輯有根本重要性。筆者以為現實上我們可以不採出「真」與「非真」的二分，而以多值取代二值，但一旦我們運用「真」的概念，就同時包含了區別「非真」之意。「真」與「非真」是真窮盡，這不排斥其他真窮盡的概念區分，而我們確是可以用不同的概念框架去處理邏輯問題，只是這不等於推翻了二值邏輯而已。

關於概念的對偶性，老子是有所意識的，但是對於概念對偶性的把握，卻不是十分準確。帛書上提到：

天下皆知美之為美，惡已；皆知善，斯不善矣。有无之相生也，難易之相成也，長短之相形也，高下之相盈也，音聲之相和也，先後之相隨，恒也。

所舉「美」「惡」、「善」「不善」、「有」「无」、「難」「易」、「長」「短」、「高」「下」、「音」「聲」、「先」「後」八對概念，大都具有相反的意義。老子以為有此就有彼，這是恆常的道理。然而，他所指的恆常，該不是指經驗事實上有此就有彼，而是指概念的對偶性。也只有概念的對偶性，才稱得上具有真正的恆常性。正如古典邏輯學家對於概念的對偶性的把握不算準確，於是將邏輯值建立在「真」「假」二值之上，但這不是真窮盡。牟宗三對此大加批判。「假」只是「真」的相反概念，而非否定的概念，「非真」才是「真」的否定概念。所謂互相否定的概念，就是真窮盡的概念。「真」與「非真」才是真窮盡，「真」「假」非是。老子所舉的八對概念，意義大都是相反的，而非互相否定。就算「善」「不善」亦不是互相否定，因為根據慣常語用，「不善」是「善」的相反概念，姑且說「非善」才是「善」的否定。然而，我們考察老子的原意，他說這是恆常之道，大概是指所舉的八對概念具有對偶性，而不只是相反的意思。我們姑且順著這種理路討論下去。

關於這幾句，蘇轍注解：

天下以形名言美惡，其所謂美且善者，豈信美且善哉？彼不知有無長短難易高下聲音前後之相生相奪，皆非其正也。方且自以為長，而有長於我者臨之，斯則短矣；方且自以為前，而

> 有前於我者先之，斯則後矣。苟從其所美而信之，則失之遠矣。當事而為，無為之之心；當教而言，無言之之意。夫是以出于長短之度，離于先後之數，非美非惡，非善非不善，而天下何足以知之？[4]

天下人講形名之學，講到「美」與「惡」，而說美且善的，真的是美且善嗎？他們不知道概念的相對性，一如「有」「無」、「長」「短」、「難」「易」、「高」「下」、「聲」「音」、「前」「後」的相反相成，這都不是事物本有的屬性。方才自以為長，有比我更長的臨在，這就變成短了；方才自以為前，有比我更前的先在，這就成為後了。如果把以為美的東西，信以為真，就失之遠矣。承當事情而作為，就以無為的心作為；承當教化而言說，就沒有言說之意。超出相對的長短尺度，離開相對的先後度數，非美非惡，非善非不善，而天下人又如何足以有這種智慧？以上所舉的幾對概念，本意都是指出概念的對偶性，一如《帛書老子》原文。這裡指出一種超越理性思考的智慧，即是放下概念分別，回到純粹意識，歸於惚恍的狀態。如此，才能達到道的「混而為一」的境界。既是一，就不能以具有對偶性的概念，對之作出對象化把握。我們不能認識道，只有放下認識，即概念思考，才能體會道的混一境界。

關於道的混一之境，陸農師注解：

4 焦竑，《老子翼》（上海：華東師範大學出版社，2011 年），頁 6。

美至於無美者，天下之真美也。善至於無善者，天下之真善也。[5]

這裡所說無「美」的真美、無「善」的真善，即是道的境界。只是對於這種真善美境界，我們不作概念分別，不會名之為「真」、「善」、「美」，而是將這些概念都去除，回到實證，就是證悟混成之境。牟宗三有真、善、美合一之說，指的就是無分別的境界，亦即是證道的心境。就實證道之本體來說，我們的確要放下概念分別，但就體現道的作用而言，我們須要行於世間，就要對天地萬物作出概念思考，以至明辨是非，為善去惡。只是證道之後的作用，與體道之前的作為，已有所不同。我們既實證混一之境，又知一切概念皆具有相對性，就不會執著於暫時的概念分別，知道我們既可用一概念思考一件事物，亦可在另一觀點下用另一種概念思考該事物。正如，我們知道一名殺人犯是惡人，怎知他不可以同時也是一名孝子，而為善人？我們知道相對地球，太陽系是大，但怎能不知相對銀河系，太陽系是小？由此可知，概念運用具有相對性，而概念本身，就具有對偶性。

名，是指概念，概念就本具對偶性。當我們進行概念思考，就是對於事物作出分別。我們要體會萬物所由之道，就要從概念思考抽身，回到純粹意識。但我們要應付世事，就不得不運用概念，只是體會了道的人，不再執於固定的概念思考，而常能保持心的靈活性，以體會妙道。有關道之妙用，我們將會在〈母〉一章詳細討論。

5 同上，頁7。

08

无名，天地之始

道是「有物混成」，且「混而為一」。道既是一，則不可以名之。名，是概念，是理性思考把握事物的手段。人通過概念去認識對象，不論是經驗對象，還是抽象存在，都是經由對象化的思考去把握客體。再者，概念具有對偶性，一旦運用概念，就是對於事物作出分別，比如「紅色」的概念，就是把紅色從非紅色的事物之中區別開來；又如「本體」的概念，就與「現象」的概念相對。道是天地萬物所由的根據，道不是經驗對象，也不是概念思考所能把握的存在，道是超越的，超出思考的領域。道是一，則不能以對偶性概念加以分辨。一般來說，「道」也是一個概念，我們可以由之分析出「有物混成」、「先天地生」，但「道」卻不是可循之以求實之名，即不是名實相副之名。所謂「名」，就是對於實物或存在有所指稱，而我們可以由之以求得對象的手段。然而，我們卻不能憑「道」的概念求得一個實體，我們只能憑這概念了解道不是一實體，並由「道」分析出「無名」，即我們無法以循名求實的方式來認識道。所謂「無名」，就是否定一切對於道體的具體描述。因此之故，老子不但由「道」分析出「有物混成」、「先天地生」、「道生一」，更由此概念分析出「無名」；故此，「道隱無名」是一道分析命題。

對於「無名」，老子說：

无名，天地之始。

對於這句，有學者以「無，名天地之始」來斷句，突出了「無」的概念。雖然這種斷句方式及由此所引申的義理，不是不可觀。但是據《老子》一書，「無名」是一專技概念，因此這裡我們還是以「無名」來斷句較為適宜。況且，「無」就是通過「無名」去了解，無就是無以名之之義。因此，以「無名」來斷句，不但能貫通整部《老子》，而且於義理上亦不會有所錯失。道既不能像經驗對象那樣循名求實，所以稱作「無名」。

雷蒙德．斯穆里安是一位當代著名的邏輯學家。他對於道家哲學很感興趣，並將自己的心得寫成一本題為《道是靜默的》的著作。他提到「道是沒有名稱的」，但是「道」不就是個名稱嗎？他說，所謂「道是沒有名稱的」是指對於道我們不能恰當地命名，因命名這個行為會改變道的狀態。這就似人照鏡子時，會改變鏡子的狀態一樣——當你照鏡時，鏡子會反映你的臉容！又如當人想及宇宙之時，包括這個想及它的人的宇宙便改變了。當人嘗試對道作出命名時，道便不是前一刻的道了。因此，智慧之道在歸於沉默，讓道維持它自己的原來面貌。這個解釋相當有趣。人是宇宙的一部分，而道既包含思想它的思想者，當人想到宇宙，即宇宙思想它自己。作為思想者的宇宙與被思想的宇宙，即不是同一的了，它們之間有了層次之別。這就好像鏡子不能照見自己一樣，就算它從另一塊鏡子中照出自己的映像，但那也不過是它的映像而已，它無法照見自身。這就有如思想者無法對於思想自身，作出對象化的認識，因而人也沒法對包含思想者的宇宙，作徹底的把握。我們可以有「宇宙」的概念，但卻不能循名求實，對於宇宙有所名了。由此可見，要回答「道既是無名，但『道』不是一個名稱嗎？」這問題，就須要指出老子所講的「名」，不是一般的名稱，而是形名之學中所指的名，即是循名求實之名。王弼指出，老子說：「字之曰道」，「道」是字，而不是名。對於老子來說，「名」是一個專技概念，我們循名可以求實。正如馮友蘭提到，道家哲學在一定程度上受到古代的名理思想影響，老子提出「無名」，就是一個很好的例子。所謂「字」是甚麼意思，老子沒有詳細論述，我們姑且可以視為不可循名求實的概念。關於這一點，我們會在下一節嘗試討論。

道既是無名，它亦是「天地之始」，帛書作「萬物之始」。所謂「始」，不是真的指在時間上的開始。關於時間有沒有開始，是哲學上的一個不可解決的問題，不論說時間有沒有開始，都會陷入理論困難。若說時間沒有開始，即在現在之前就有無窮的時間，既然在此之前的時間是不可窮盡的，那麼我們就不可能來到目前這一刻；若說時間有開始，則我們總能由此追問，在所謂的始點的那一秒，之前的一秒是怎樣的，乃至不斷追問下去，以至於無窮，而這樣的追問是有認知意義的。因此，時間有沒有開始的問題陷入兩難的局面，無論對之作肯定或否定的回答，都會遇上理論上的困難。故此，對於「天地之始」，我們應該更恰當地理解為宇宙的本源狀態，即不是將之理解為時間上的概念，毋寧是本體論上的概念。此外，朱謙之引用《說文解字》：「始，女之初也」，並指出無名如「少女之初，純樸天真」，這是相對下一句「有名，萬物之母」來說。一為天真少女，一為萬物之母，皆是以女性形象，而以不同階段來比喻道。老子崇尚女性，並以少女、母親來比喻道，我們甚至發現老子不脫古代母系社會的遺風。老子不但以女性比喻道，更教人效法女性的柔順之道。《老子》一書，可謂充斥著女性崇拜的思想。所謂「始」，指少女的天真，即用以比喻宇宙的原初狀態。少女形象美好純潔，她的未來充滿可能性，她可以長大成熟，嫁作人婦，甚至成為一位母親，掌理家事，生兒育女。在老子的心目中，女性是偉大的，且充滿智慧，而少女就是這一切可能性的發端。

道之「無名」，是相對「有名」來說的，而「天地之始」是相較「萬物之母」而言。無名，即宇宙的原初狀態，好比少女，她充滿可能性。她也是令人愛慕的。人莫不具有愛欲，因而熱切追求道，一如男性渴求女性一樣。老子是以一般男性的角度來作比喻，少女之動人，一如道之打動人心。世之解《老子》者，多看到清靜無為的一面，殊不知老子多以愛欲作喻。漢初也有一些學者，將老子之道解作房中術，《想爾注》就大加批判。其實，老子的確是以男女之事作為比喻，而不是真的教人房中術。老子不厭人世，以人人關注的事情為喻，說話平易動人，平凡中見深刻，確是一位充滿智慧的哲人。

09

強為之名曰大

道是無名，我們不能以循名求實的方式，來認識道。一方面，我們對於道的本體，不能作出具體描述；另一方面，道是天地萬物的根源，它既作用於天地萬物，我們就能從天地萬物的運作之中，體會道的作用。正如《聖經》上說，上帝按照自己的形象造人，人便可從自己的生命之中，領受神的奧秘。就道的本體而言，是無名，但就道之作用來說，姑且可以勉強作名言把握，是有名。一般講老子哲學的學者，大多偏重於道之無名的一面，而忽略我們可以對於道作有名的把握。前者是本體論上的體會，而後者是宇宙論上的領略。本體論是就道作為天地萬物的本源，不與天地萬物為伍，不是一經驗對象，人亦不能以概念思考對之作對象化的把握，因此是無名。至於宇宙論，是就道之生成天地萬物的歷程，即是就道之作用，而領略道的體性。相對於理性機能對經驗事物作概念分別，比如把樹木從非樹木區分開來，稱作「經驗的分解」，而道之體用、本體與現象、無名與有名等不是經驗事物或性質的區分，姑且叫作「超越的分解」。我們從概念上，可以分別道之體用，但在實存的層面，不是有一個道體，另有一個道用，卻是即用見體，全體是用，而體用一如。體是用之體，用是體之用，但我們姑且可以作超越的分解，把道分解為道體與道用。筆者曾於哲學分析課上請教李天命老師：「何謂禪？」李老師即答：「但識法身，即得大義！」所謂「法身」，李老師即以撲克牌為喻：撲克牌本身即喻本體，而撲克牌所顯現的牌局，即是現象世界。就牌局而言，有四條、蛇、同花順等，有好牌，也有壞牌，這比喻現象界有生有滅、有垢有淨、有增有減；但撲克牌本身，無所謂四條、蛇、同花順等，無所謂好牌壞牌，就好像本體不生不滅、不垢不淨、不增不減。雖然有「撲克」與「牌局」的概念分別，但現實上，撲克是牌，局是牌局，二者不分。李老師又說，初學佛固然會崇敬作為聖哲的佛陀，但到後來卻知道法身是佛，而到了最後，就了解佛陀是佛，狗子也是佛。這就是「青青翠竹，盡是法身；鬱鬱黃花，無非般若」的道理。後來，李老師又提點，作為一個人，仍是要分別善惡，仍是要以生滅、垢淨、增減等分別來看待人事，而這才合乎人性。這即是說，我們作出了超越的分解，又知道實存上的融和，知道一切現象皆是本體的體現，而本體的體性就見於現象，但仍是須要以人的本位來看待事物，包括以人的倫常之理來體會道。就這一點來說，筆者以為中國儒道哲學，要比外來宗教，來得合理、平實、親切。

老子對於道的作用，乃有種種比喻，比如母親、水、山谷等，而人當從中體會道的體性，而效法道，因而又提及聖人應世之道。這就是所謂「通體達用」了。所謂「通體達用」皆須要合乎倫常之理。比如人重視母親，老子就以母親作為道的象徵，令人對於道生出親切之情。這又不同於哲學上的知解分析了。因此，學者注解《老子》，或哲學教科書介紹老子之道，而只標舉一些抽象概念，就失去了原文中具體的意味。此外，老子說到為了道的體性，勉強作出名言，就好像指出經驗事物的屬性一樣。老子說：

> 吾不知其名，字之曰道，強為之名曰大，大曰逝，逝曰遠，遠曰反。

對於道的本體，我們不知道它的具體情況，因此不能以名理之名作出規定，而姑且叫它做「道」。在語言哲學上，不是所有語辭都是指涉對象的，包括抽象的存在。比如一個人跟小販說：「給我三個紅蘋果。」然後小販給他數出三個紅蘋果。其中數字「三」的運用，即不是指涉一個抽象的存在，而是涉及數數的活動。縱使事實上那小販一眼就看出了三個紅蘋果，但就「三」這個數字所具有的原初意義，就涉及數數活動。在數論上，「三」是「二」的繼數，而「二」是「一」的繼數，而「一」是原初的自然數。因此，可以如此了解「道」——它不是可以循名求實之名，這語辭或許涉及一種思考的過程，即我們從事物的存在，反省到事物生成所由的軌跡和原由，即是事物經由的道路，所以說是「道」。因此，老子說「道」是字，而不是名。這即是以「道」這個符號，概括了複雜的思考過程，而使之成為專技術語。

然而，對於道，老子又說「強為之名」，即是像對經驗對象一樣，勉強舉出它的屬性，而為之名。由於我們還是可以從天地萬物的運作之中，領略道的體性，因此我們姑且對之刻畫形象，甚至嘗試像經驗對象那般，指出它的屬性。老子指出了幾個概念，第一個就叫做「大」。「大」概念，固然分別於「非大」，人就從「大」去體會道。一般我們會說「大道」，就是以「大」來形容道。顯然易見，這是一個深入民心，且為眾人所接受的道之名。只從「大」領略道還不夠，大的性質是會逝去的，所以第二個名是「逝」。「逝」是對於「大」的否定，即我們經過了道大的體會，要知道不停住於此，因此老子對它作出否定。至於第三個名，是「遠」，是將「逝」深化，道不斷流逝，至於極遠。遠至於極，則物極必反，因此第四個名是「反」。「逝」是「大」的否定，「遠」是「逝」的極致，「反」就是進一步的否定。關於「大」和「反」之名，《老子》一書中有不少論述，本書對於這兩個道之名，乃至對於母親、水、山谷等象徵，都會各有專章，逐一討論。

就本體論的體會而言，道是無名；就宇宙論的領略來說，道可以強為之名，而為有名。我們好像經驗對象一樣，指出道的屬性，而這只是一種比擬，卻不是真的把道當作一個認識的對象。因此，對於道之名，老子方才舉出，即又否定，使人不好執名求實。當然，對於天地萬物的運作，不同的人可以有相異的感受，因而生出不同的道之名。據老子的領略，道好像母親，而據《聖經》所說，上帝好像威嚴的君父。龔立人老師曾指出，處於不同社會處境，乃至有不同人生體驗的人，可對於上帝的形象有不同體會，而他就願意視上帝為一個摯誠的朋友。龔老師作為一位基督徒、神學家，經歷人生的甘苦起伏，不因挫折而喪失信心，反而由此對於信仰生出另一番體會，這是難能可貴的。筆者曾作一篇神學論文，指不應以神學理論來論證神的存在，如一般理性主義者對神所作的概念推演，反之應該從生活體驗中得到智慧，而領略上帝的臨在。不是作為理論之物，而是作為生活體驗的萃取之物，對於上帝的信仰，和對於道的領略，乃是一種深刻的智慧。不同宗教信仰，可以對於宇宙本體有不同領略，甚至在同一宗教之下，都可以有相異的信仰智慧。明乎此，可知不同的宗教信仰，可以和而不同，甚至互相參考。讀《老子》，重要的不是追隨老子，而是形成智慧。正如研讀《聖經》，也不必對經文的內容照單全收，而是要走出獨一無二的信仰之路。

10

有名，萬物之母

無名，就如少女之初，內具一切可能性；有名，就如偉大的母親，生出大地萬物。對於道，我們可以有「無名」與「有名」的體會，前者是本體論的，就道之本體而言；後者是宇宙論的，從道之作用著眼。道之本體，不可名狀，乃至不可循名求實，故謂之「無名」。道之作用，就見於天地萬物的運作，我們可以從中領略道的體性，並仿照一般對於經驗對象的描述，而強為之名，故謂之「有名」。無名，是返回本源，回溯地看。有名，是順萬物生成，向後地看。正如有人看天地萬物，皆表現生意，道乃具有生生之德；也有人看到有生即有滅，而一切生命終歸於滅亡，於是看見天地殺生之性；更有人兼此生滅兩面，而言「造化」——由無生有謂之「造」，由有歸無謂之「化」。此等種種，都是對於道的宇宙論領略，即用而見體，用是作用，體是體性。就道之生物，而作為母道而言，是可為之名的。因此，老子說：

有名，萬物之母。

對於道，我們可以用名言作出描述，指出其性質相狀。世界各大宗教對於宇宙根源之生成萬物，大都有它的一套宇宙論。道作為有名之物，這些名，及其所指涉的性質相狀，皆是人看其如此。就算是蘋果的紅，也不是它自身便是這樣，而是人把它看成紅色。對於一隻狗，就看不見紅色，甚至對於一隻蝙蝠，更無所謂顏色。可見事物的性相，與主觀的認知機能有關，可以說紅色不是獨立於心靈而自在的，它是心象。如此類推，經驗中的事物，乃至抽象概念，都是心象。名之為物，亦復如是。就道之本體來說，無以名之；但就道之作用，即是它的有名一面，亦不離於心，而為心象。然而，我們不好把無名理解為心象之外的物自身，為一獨立自存的實體。所謂無名，是指我們不用有名的方式，來體會道，即回歸純粹意識，相應混成的狀態而歸於惚恍，而歸於一。概念具對偶性，概念思考對於事物會作分別，即離開了一。名，就是指涉對象的概念。因此，無名，才能體會道之本體。「無名」之「無」，即是一否定語，是要否定概念思考，令人達到超於思考的境界。縱然世界各大宗教對於宇宙本源，皆有所名，但卻同時須要以「無名」去體會本體，否則就會將本體誤會成經驗事物，而為萬物之一。就算他們口頭上說，上帝是超越經驗事物的，但卻不離認識經驗對象的方式來了解上帝，因而造成落差。因此，一切宗教哲學都要具備「無名」的智慧。正如牟宗三所言，無的智慧，或更準確地說，無名的智慧，是共法，是一種具有根本性的形上觀點。在此之上，即可包容各種不同的宇宙論，乃至各種的名。

有名，即有所分別，如此即不必如彼。世界各大宗教對於宇宙生成，皆各有描述，乃至對於本體的屬性都有所說，這些都屬於「有名」的範疇。名與名之間，可以有矛盾衝突，宗教紛爭即由此而生。只要我們知道「道隱無名」，同時知道一切所名，皆是心象，都具有主觀的意義。契應佛教徒的觀點，不一定合乎基督宗教的教義，甚至在基督宗教內部也有很多意見分歧，而鬥爭也很劇烈。佛家就有種種判教之論，以求銷融各宗的衝突，務使各宗各得其位，各成其是。對於這些名言之爭，老子即以無名的方法銷解之，並以有名的智慧安頓之。所謂「有名的智慧」，即視一切對於道的所名，皆為主觀的宇宙論領略，而不是本體確是如此。只要對於道作出體用的分別，即可分別出本體論的體會與宇宙論的領略，有名不礙無名，甚至各種所名，皆不必相礙。於是老子的智慧，可包容各大宗教，而視其道為母道。這亦是中國哲學之所以對宗教和平所能作的一點貢獻。

佛經記載了瞎子摸象的寓言，有說這個寓言出於耆那教，也有說出於印度教，亦有說出於蘇菲神秘主義者。瞎子摸象，摸到象牙的說它像蘿蔔，摸到象耳的說它像箕子，摸到象頭的說它像石頭，摸到象鼻的說它像杵子，摸到象腳的說它像木臼，摸到象背的說它像床位，摸到象腹的說它像瓶甕，摸到象尾的說它像繩子，這都是一偏之見，不是事實之全部。對於道的領略亦是如此。不同的人對於道有相異的領略，他們按各自的觀點而對道有所名。這些所名都是出於主觀的心象，並不就是道之本體的性質。明白到這一點，於是我們不會自以為是，以自己對於道的領略為唯一真實的，甚至不會強人所難，四出攻擊他人的宗教信仰，霸道排他，卻可以容下一點差異，令人我之間留有空間，各自發揮，各自表述。所謂「殊途同歸」，指的就是所崇信的各有殊別，而最終會歸於一，由有名而歸於無名，而通於一。我們甚至因而可以參考不同宗教哲學的觀點，而形成自己一套獨特的道之名。

總括而言，老子的智慧不只在於無名，也在於有名。他對於道有所名，而說出了自己的宇宙論領略。對於老子的宇宙論，我們可以作為參考。老子把有名置於無名的基礎之上，一方面分析「道」的概念，得出「無名」，而「道隱無名」就是一道分析命題；另一方面，老子對道有所名，比如「大」、「逝」、「遠」、「反」等，又以母親、水、山谷來比喻道，此等種種皆建基於一些經驗觀察。由此可見，老子的智慧既可分為本體論、宇宙論和工夫論三大部分，正如牟宗三所言；而又可分為對「道」的概念分析、對道的存在體驗及為道的方法。此等種種，皆密切而不可分，其中又以實踐的工夫之道統攝其餘部分。因為老子的所有論述，皆旨在指點人走上一條可行之道，而使天下人皆有道路可走，就是老子的本懷。由此可知，老子對道之所名，不在於給出客觀真理，或指涉獨立實體，而旨在指引人走上修持之道。通體達用，就是《老子》一書的本旨。

三、樸

11 樸雖小，天下莫能臣也

道是無名，就是無以名之，人沒有辦法對它造形指事。無名，就是一種無形無相的原初狀態。《易傳》有言：「形而上者謂之道，形而下者謂之器。」道與器的分別，就在於道是「有物混成」、「混而為一」，人無以用之，也只有回到純粹意識，放下概念思考，歸於惚恍，才能有所體會；而器原本亦是道，不過已經降落塵世，散為萬物，為人所用，因此有形有相，有因有果，有目的與手段。道用之而成器，器亦本於道，我們在日常生活中使用器物，亦是道的體現。海德格討論存在，有所謂「薈萃」之說。他舉了一個例子，說明天地人神四合薈萃於一酒器之上：天降下雨水，土造成陶器，人以之盛水釀酒，最後供奉神明。在這過程之中，天地人神四合皆介入了事件之中，而聚焦在酒器之上。由此可見，器用亦不離道，甚至也是造化。莊子說天地為一大熔爐，造物者是鐵匠，大氣有如銅鐵，鍛鍊成萬物，人就有如一把古劍。人身為器，大塊以形載之，勞我以生，佚我以老，息我以死。天地間一切器物，由無造有，從有化無，一物方造，一物方化，都是道之自己在變化著、遊戲著。佛家就說是法界緣起，萬法互為因緣，一即一切，一切即一，相即相入而彼此不離。由此可見，器用亦不必離道，道體見於器用。無名是原初的狀態，器物即是有名，如酒器、古劍、人身，皆有形有象，有相有狀，而為有名。就無名的原初狀態來說，老子以木質之未始雕琢來作比喻，他說：

道恒无名，樸雖小，而天下弗敢臣。

永恆之道既是無名，就有如樸，天地原初的狀態好似未加雕琢的木質，而所謂「小」，相當於上文所說的「微」、「希」、「夷」，不可視而得見，不可聽而得聞，不可循而得，所以說是「小」。樸散而為器，器為末而樸為本，無論樸與器皆是道，只是器用易見，而樸素難求，人生活於道中，而不知道，見物而忘道，亦難以體會無名。器為人所用，樸不為人所臣。樸本無以用之，樸就相當於道之混成，在人即為惚恍。也只有回歸純粹意識，才能體會樸的狀態，而一般人皆見有名，皆見器用，而處於樸散的狀態。蘇轍說：

樸，性也。道常無名，則性亦不可名矣。故其為物，舒之無所不在，而斂之不盈毫末，此所以雖小而不可臣也。[6]

蘇轍以樸比喻本性，而為不可名。此性，如《中庸》所言：「放之則彌綸六合，卷之則退藏於密」，此性亦名「天地之性」，其體性見於心之作用。人的覺識既可及於天地萬

6 焦竑，《老子翼》（上海：華東師範大學出版社，2011年），頁81。

物，又可收攝至於無形，它可大可小。就向內收攝，至於樸素來說，姑可名之為「小」，它無形無狀而不可臣服。

老子又教人回歸之道，抱持著樸素，帛書繼續說：

侯王若能守之，萬物將自賓。天地相合，以雨甘露，民莫之令而自均焉。

人君抱持樸素，不散而為器，體現無名之道，萬物將會賓服，一如賓服於道。所謂抱持樸素，就是任物自然，不禁其源，不塞其性，如天地沖氣，雨露自降，不令萬民，而萬民均得以滋養。這是說既能「通體」，而又能「達用」。通體達用就是回歸樸素之後，又能以抱持這種狀態入於世間，而成其大用。一般的器物，各有限定之用，而為小用，樸之為物卻沒有限定，而能生大用。大用即是藏有一切可能性。有大用而能用於天下。帛書又說：

始制有名，名亦既有，夫亦將知止，知止所以不殆。譬道之在天下也，猶小谷之與江海也。

才制為器，而有其名，因器制名，亦當有所止，不能任其樸散為器而不知抱樸。抱持樸素，就是回歸之道，而歸於大用。只有不執於限定的小用，如生而為人，既有其職能，而不把自己限死，反能應變無方，因順自然，就能適應不同的環境，應接各種事情，能夠通體達用。如果不能夠通於體，返於本，就會死心於限用，流為枝末。能夠通體達用，契合於道，生活上的事情自然水到渠成，好像道在天下，就如小谷流入江海那樣自然。關於這一點，蘇轍說：

聖人散樸為器，因器制名，豈其徇名而忘樸、逐末而喪本哉？蓋亦知復于性，是以乘萬變而不殆也。江海，水之鍾也。川谷，水之分也。道，萬物之宗也。萬物，道之末也。皆水也，故川谷歸其所鍾；皆道也，故萬物賓其所宗。[7]

「聖人把樸雕琢成器，順著器用而制定名號，怎會曲從名號而忘記樸素、追逐末端而喪失根本呢？因也知道要復歸本性，故此能就著萬事變化而不殆盡。江海是水聚集之處，川谷是水的分流。道是萬物的根本，萬物是道的枝末。因為都是水，所以川谷歸於江海；而都是道，所以萬物賓服於根本。」正如人的本性是根本，而人可有不同的作為。本性是樸，而作為如器，一為體，一為用。人既有作為，而不忘本性，而更能有其他作為，這是通體達用，達用而又能歸體。倘若人因執於特定的作為，而忘記本性，不能更有所變化，就是老子所說的「殆盡」了。因此，人需要回歸之道，才能返本開新，才能生生不已。

7　同上。

中國人喜歡講自強不息，體會天道之剛健不已。老子就提點人不能只是一往向前，鑽入死胡同，而是要反省到一切作為的原初，回到始點，自覺到目前所作為的，皆出於本性，這樣才可免於因習慣墮性，而畫地為限。樸就是這種原初狀態。器物可名，而樸不可名，正如具體作為可名，而本性不可名。

12 樸散則為器

樸，是指未經雕琢成器的木質，比喻心靈的原初狀態。只有回到純粹意識，歸於惚恍，才能了解老子所講的無名之樸。樸是本體，器是作用，皆是道。但器用易見，而樸素難知。一般來說，我們的心靈易於作對外認識，即是透過感官知覺和概念思考，把事物對象化，而不知把對外馳逐的心靈止息下來，向內探索，歸於出發的始點。哲學的一大難題就是：「人是甚麼？」這問題即是反省人的存在，合乎古希臘先賢「了解你自己」的教訓。這種哲學人類學，在古典時期又稱作「心理學」。這種所謂的「心理學」，固然不同於現代的經驗科學。現代經驗科學總喜歡把人當作一客觀對象，研究其性質與相狀，因此往往對人作出經驗考察，甚至不惜對人作出實驗探究。哲學人類學則反問自身，先不將人對象化，而是考察第一身的經驗，從主體出發。這已十分接近中國哲學的方法進路了。中國哲學中的心性，即不同於經驗科學中所研究的人性。如孟子講善性，是指點人逆覺體證，反省自身的內在經驗，從而實證仁心，卻不是先把人作為一客觀之物，作經驗科學的研究。老子所說的樸，亦是指這麼一種主觀的體驗，它甚至不能以概念思考去認識，因此是無名，而對於道之無名，我們也是通過內在的體驗去實證。樸就是比喻尚未成為器用的存在狀態，所以人適宜回歸純粹意識，來了解老子所謂的「無名，天地之始」。雖然我們可以透過概念分析，由「道」的概念分析出「有物混成」、「混而為一」、「無名」等概念，而得到一些分析命題，但是這不過是了解了「道」的概念，至於這些概念所提點揭示的境界，則須要人放下概念思考，回到惚恍之中去實證。樸不是一對象，無名亦不能以概念思考作認識，無名之樸須要透過回溯內在，回到生出器用的始點，才能體驗。老子所教人的，是一種回歸之道。

關於樸，老子作出了幾個與之平衡的比喻。所謂純粹意識，有點像回到嬰兒的狀態。老子說：

> 知其雄，守其雌，為天下溪。為天下溪，恒德不離。恒德不離，復歸於嬰兒。

「雄」是指主動行動者，「雌」是指處於被動狀態，大體而言，在男女關係之中，男性大多採取主動，女性處於被動，而男性多居於上位，女性則處於下位。知道心靈如「雄」，而抱存其「雌」，為「天下溪」。溪水從山上往下流，為天下溪，則處於一切之下，被動地接受天地萬物，而不作為。這樣就不離於恒常之德，並好像歸於嬰兒的狀態。嬰兒無知，即沒有概念思考，但不可謂之無心。無知之心，就是樸，由此可以體驗無名之道。此外，老子又提到「為天下谷」，帛書上說：

> 知其榮，守其辱，為天下谷。為天下谷，恒德乃足。恒德乃足，復歸於樸。

榮耀是指在眾人之上，屈辱是在眾人之下，居於眾人之下，接受一切善或不善的待遇，就如虛空的山谷。任物來去，不壞虛空之性，山谷回音，足見虛空能容。唯具虛空能容，不壞本性，所以能自足於恆常之德，而回復到樸的原初狀態。一切器用，皆源於樸素，也只有時常回到樸素，才能善於生出器用。太過習慣某種概念思考，便要學會放下，清空一切，回到原初，才能再由始點生出其他可能。因此，無執於特定概念，也不止於無名，而是靈活變化，無而能有，有而能無，無有相即，乃能有所成就。樸與器皆是道。復歸於樸，是為了不限死在特定的器用。老子又提到「無極」，帛書上說：

> 知其白，守其黑，為天下式。為天下式，恒德不忒。恒德不忒，復歸於无極。

「白」是光明，指心靈對於萬物的照明；「黑」是晦暗，指心靈不起認知作用的狀態。回歸無知之心，是天下的法式，因此於恆常之德不會有所差錯，而回歸於無極。「太極」本是指宇宙原初的狀態，陰陽混然一體。太極是有，於是有人提出在此之先，更有無極。宋儒討論《太極圖說》中的問題，即涉及無極與太極的問題。所謂太極本無極，無極而太極，不是真是有一個無極，又有一個太極。從概念上說，「太極」固不同於「無極」，但從實證上說，太極即混然一體，亦即是無極。無極即是不被限定之本體，因此王船山說：「無不極而無極。」[8]不被限定的本體，就見於無限妙用。牟宗三以「無限妙用」一辭去

8 王夫之，《老子衍　莊子通　莊子解》（北京：中華書局，2009年），頁17。

講道用，實在是貼切。所謂「雄」「雌」、「榮」「辱」、「白」「黑」，尚有對待，無限妙用沒有對待。於是老子通過樸素與器用之互相轉化，說明這個道理。帛書上說：

> 樸散則為器，聖人用則為官長，故大制无割。

樸素分散而成器用，聖人升用而為百官之長。一方面，聖人抱持樸素；另一方面，聖人能有大用於天下。聖人有大用而不執，正如道生萬物而任物自然，因此大制之器，不傷害樸素。根據鄭成海考證，「割」作傷害義，又指聖人不傷害人物，使之各得其所。[9]這固然無違老子之意，然而此處當指不害於樸。

所謂不害於樸，即是指不為固定的概念思考所限死，而常能放下思考，回到純粹意識，歸於無名之樸。既歸於無名之樸，就能不限一端，而妙用無方。唯其妙用無方，才成其為大器。樸素與大器，皆是道之體現。聖人體道，就能通體達用，如道一樣有大用於天下。聖人為大器，而具無限妙用，只因不離於樸，而常能反樸。因此，老子才總結說：「大制不割」。

---

9 鄭成海，《老子河上公注疏證》（臺北：華正書局，1978年），頁203-204。

13 大器免成

器之為物，是道之作用。如道本無名，它是生出天地萬物的原初之道，又稱為「樸」；樸散而成器，道成萬物而成器用，而為有名。從有名之物，我們可以了解道之器用。樸素是道，器用也是道。此如天主之在其自己，亦必道成肉身，行於世間，而為可見的器用。不但肉身是器，而且人類文明，亦是道之器用。只是道不限死於特定的器用，而常能歸於樸素，又從樸素再生出其他器用。這種能從無造有，由有化無，再造成有，即是造化的大用，又稱為「無限妙用」。人之體道，就是實踐這無限妙用，既成器用，又不離樸素，更能成就其他器用。就像人成就了一個功能，如畫家作成一幅畫，他不死心於這作為，不以此自滿，更能返回創造的原本，更有突破，而創作不絕，成就更豐富的藝術生命。這就有如孩童的心境，不為過去限制，而常能學習，時而創新。老子講樸與器，就是教人回到生命之常，使人活潑潑的。因此，為道的人生意盎然，使人如沐春風，而不會成為一潭死水。

老子仍然有深沉的姿態，有如玄奧的深潭，莊子就顯得明朗透脫，一體鋪平。雖然老子也講妙用，但他較為收斂，比較看重樸之為物，不散而成器，所以在《老子》之中，多講「無名」、「樸」、「混成」，又講少女、赤子，含蓄不露，而成其深藏之貌。這就如一道深淵，令人不見其底蘊，內具一切可能性。這亦是使其成為道家祖師之由。在義理上，老子蓄勢待發，含苞待放，深藏不露，不如莊子之花爛映發，大放異彩，彰顯無餘；故老子當在莊子之前。這不同於牟宗三所說是分別說與非分別說之間，邏輯上的較前，而是就存在體驗上，說其體用上的先後，因而老子是本體論上的先在。老子掌管國家圖書，得聞歷史檔案，故能從治亂興替之中，即是從歷史的器用之中，體會無名之樸，了解天地始妙。因此，他教人由器返樸。在老子來說，樸是樸，而器是器，二者概念分明，因而牟宗三判老子思想是分別說，而為邏輯上先於莊子。然而，老子也有他的非分別說，而表現於正言若反，詭辭為用，但他分別說的性格仍是十分明顯的。關於老子的詭辭，從帛書上的這句，可見一斑：

大方无隅，大器免成，大音希聲，大象无形，道褒无名。

其中「大器免成」一語，在通行本中作「大器晚成」。據樓宇烈考證，「晚」為「免」的借字，本當作「免」。這是因為本章「大方无隅」、「大音希聲」、「大象无形」及前文提到的「大制无割」等數語，語首一加「大」字，後面即作反義語。因此樓說：

「器」既為合成者，則「大器」當為「免成」者，亦即所謂「無形以合」而使之成者。[10]

10 高明，《帛書老子校注》（北京：中華書局，2020年），頁33。

世間之器，皆成其用，不成其用，就不為器。「免成」就是無成其用，器亦不成其為器，此之謂「大器」。如父母多期望子女長大成器，成為社會上有用的人，老子就教人體道，即是在特定的器用之外，回歸於樸，而成大器。酒器有酒器之用，食器有食器之用，唯大器具無限妙用，不成一特定之器。道生此器世間，不礙它能另生一器世間，乃至無窮器世間。身體亦是器，體道的人知道既成此器，此器若毀，難說他日道不另生一器。此中關鍵，即在人不死心於當前之器物，而了解器為道用，道更能生器，更有他用。道成器用，大器就不落入特定的用，而保持無限的可能性。因此，老子所講的是銷用歸體，是一種回歸之道。

然而，樸之為樸，仍在於它能成為器用。無用之體，是謂死體。體必有用，如樸可成器。所謂「大器免成」，不是指道是一死體。老子是就人之見器成而不知有樸，來說樸之免成，由可道的世界，及於不可道的奧秘。於此，嚴遵於《老子指歸》中說：

是故，大器晚成，無所不有，變於無形，化於無朕，動而無聲，為而無體。威德不可見，功業不可視；禍息於冥冥，福生於窅窅。寂泊而然，是謂至巧；萬物生之，莫知所從；勉勉而成，故能長久。[11]

11 嚴遵著，王德有譯注，《老子指歸譯注》（北京：商務印書館，2004年），頁45。

「因此，大器要長久的時間方能制成，卻無所不有，變化於無形相，化成而無徵兆，動作而沒有聲音，作為而沒有形體。它的威德不可得見，功業不可目視；禍患止息於無形之中，福澤生出於隱藏之中。寂靜淡泊而存在，這就叫做至巧；萬物由此而生，卻不知道從何而來；大器之成就不易，因此能夠長久。」以上所論，都是指道的體性而言。大器不似世間器物，只在一時一地而成，也是無形無相、沒聲沒色的，因此杳冥不可見。嚴遵又說：

是知道盛無號，德豐無諡。功高無量，而天下不以為大；德彌四海，而天下不以為貴；光耀六合，還反芒昧。夫何故哉？道之為化也，始於無，終於末；存於不存，貸於不貸；動而萬物成，靜而天下遂也。[12]

「由此可知，道盛大而無稱號，德豐厚而無諡號。功高而不可測量，但天下不以為大；德滿四海之內，但天下不以為貴；光照於上下四方，而回歸於昏暗。這是甚麼原因呢？道之變化，開始於無，終結於末；留存於不留存，借貸於不借貸；動則萬物生成，靜則天下圓滿。」這是就道的無限妙用來說。說道是「大」，最終連「大」相亦去掉，而物各自生，天下遂成。

12　同上，頁47。

須知所謂「大器」，一則不成其為器，二則大相亦無。樸是道，器亦是道，樸成器，器亦歸樸，而成無限妙用。器用易見，而樸素難知，因此老子從「免成」指點，教人回到原初的存在狀態。由此，才能生出一切器用，器不再是限用，樸也不是死體。

樸是指天地萬物的原初狀態，亦即是「有物混成」的狀態。對於樸，人不能作對象化的認識；反之，只能通過無知之心去體會。一般來說，在對象化認識之中，有主有客，對於客體的概念思考愈牢固，主體的意識亦愈深刻，而主客對立也會愈深重。因此，對於客體的概念思考，就成為見素抱樸的障礙。要體會樸素的境界，就要放棄概念思考，放棄「體」「用」、「本」「末」、「無」「有」、「目的」「手段」等概念分別，而進入一種沒有主客意識的超思考境界。比如運動員在游泳之中，熟練地完成一系列動作，這時他甚至會忘記自己在游泳，而與海水融為一體。如果他很覺察自己的動作，甚至自我意識非常深厚，這是有礙他游泳的。也只有主客皆忘，至於忘無所忘，他才能順暢地完成動作。當然，在起初學習游泳的時候，他要意識到身體動作是否合乎標準，並且要用意改良泳姿。但是當他成為游泳好手時，一切就在無意識的狀態中進行，而一切概念思考都會成為障礙。這就如一個人學習為人之道，起初總有一些標準在於心中，他須要不時著意更正自己，但到了較高的境界，他就不必用力行善，而能夠自然行善。這又有如一個社會在建設之初，政府須要大力宣傳公德教育，但到了文化發展成熟之時，百姓自然具備品德，而無須著力教育。對於一切聖智仁義亦然，聖人不必把這些概念藏於心中，而對自己的言行時加檢查，看看是否合乎標準，聖人自然能夠恰如其分。因此，老子說：

絕聖棄智，而民利百倍。絕仁棄義，而民復孝慈。絕巧棄利，盜賊无有。此三言也，以為文未足，故令之有所屬。見素抱樸，少私而寡欲，絕學无憂。

「棄絕『聖智』的觀念，對於百姓有利百倍。棄絕『仁義』的推廣，百姓恢復孝順慈愛。棄絕『巧利』的標榜，盜賊就會消失。對於『聖智』、『仁義』和『巧利』這三個觀念，因它們是人為的文飾，而有所未足，所以令之有所附屬。回復樸素狀態，減少私心欲望，放棄為學而沒有憂慮。」老子是就個人或國家的理想狀態來說，所謂理想，就是說縱然現實上不能達到，但道理上該當如此，我們須要為之而努力。孔子畢生提倡仁道，立下一努力的標準，時時自我反省，這是教導中下之人，使之努力向上；而他自己卻能做到從心所欲而不逾越規矩，心中不藏仁的觀念，無主無客，忘人忘我，自然而然，而毫不著意。這就是達到無知之心的境界。這可見孔子平易近人，由淺入深，而老子高妙絕塵，不易為人所貌襲。

老子說：「見素抱樸。」素是未染之絲，樸是未琢之質，都是指事物的原初狀態，這是比喻回歸之道，回到無名，歸於人性之常。所謂聖智仁義，本是人性自然流露的東西，但卻被人標榜推廣，彷彿就成為了外在之物，變成了認識的客體。愈是成為概念思考的客體，與主體的對立就愈分明，因而聖智仁義就離我們愈遠。故此，我們須要返回人的常性，讓道德自然流露，而不作觀念上的造作。這就如孟子的性善論，肯定仁義禮智的價值，並為道德找到人性上的根源。老子則不深論人性，而教人見素抱樸，回到人性之常，歸於道德。所謂道德，就是通過「絕聖棄智」、「絕仁棄義」和「絕巧棄利」來了解。關於這一點，李息齋說：

> 聖者不自以為聖，智者不自以為智。使聖智而可絕，皆非聖智也。仁者不自以為仁，義者不自以為義。使仁義而可絕，皆非仁義也。大巧不見其巧，大利不見其利。使巧利而可絕，皆非巧利也。聖人用其實，不取其文，故其見于外者無其形。衆人竊其似，以亂其真，故令見于外者有所屬。無其形者，利物而物不知。有所屬者，徒足以亂天下而已。聖人惡偽之足以亂真，故欲絕其本原，以救末流之弊，使天下之人不復懷利心而竊聖智之行，假仁義而棄孝慈之實，用盜賊而棄巧利之便，惟以素樸先民，民見其見素抱樸，則不敢以文欺物；不以私欲示民，民見其少私寡欲，則不敢以文自欺。[13]

13 焦竑，《老子翼》（上海：華東師範大學出版社，2011年），頁47-48。

「聖智仁義巧利者，不自以為聖智仁義巧利。假使聖智仁義巧利而可棄絕，就不是真正的聖智仁義巧利。聖人踐行實質，而不採取虛文，因此他們表現於外而無形無相。眾人竊取貌襲，以假亂真，因此他們表現於外而有所依附。無形無相者，利益於物而物不知。有所依附者，只是足以擾亂天下而已。聖人厭惡以假亂真，所以根絕它的本源，以救末流的弊端，使天下人不再懷私利之心而竊取聖智之行，假借仁義而放棄孝慈的實質，採取盜賊行為而放棄巧利之便，但用素樸先民，百姓見其見素抱樸，就不敢以虛文相欺瞞；不以私欲示人，百姓見其少私寡欲，就不敢以虛文自欺。」若聖智仁義是人性的流露，它就屬於常道，而不可棄絕；可棄絕的不過是一些權宜之計，甚至是對象化了的概念思考。比如「仁義」的觀念可以棄絕，但父子孝慈出於天性，就不可根絕。因此，大凡可以棄絕的，都不必出於常道。此外，焦竑又說：

素未受采，樸未斲器，此所謂性之初也，實也。夫遊于性之初，故雖有身而實無身，其有私焉者少矣。雖有心而實無心，其有欲焉者寡矣。然則見素抱樸，乃聖智仁義之精也，焉用文之？蓋老子絕之于彼，正欲其屬之于此。學者不察其意，而但知其絕而弃之，猥云老子之論蕩而不法也，斯所謂不得於言者乎？[14]

14　同上，頁48。

「素未染色，樸未雕琢，這就是性之初了，是實質的東西。遊心於性之初，故此雖然有身體而忘記身體，那就做到少私了。雖有心而忘心，那就做到寡欲了。然則見素抱樸，乃是聖智仁義的精髓，又怎會採取虛文呢?因老子在那方面根絕它，正期望附屬於這方面。學者不察覺老子的用意，而只知他棄絕聖智，便說他的言論流蕩而沒有法度，這不是不明白他的言論嗎？」

由此可見，老子所說的樸，指的是人性之常。老子示人以回歸之道，教人見素抱樸，歸於一切聖智仁義的起點，回到原初的心境，並由此滿心而發，成就真正的道德。老子之論道德，對人性也有其獨特的看法，雖然他沒有專論人性，但就他教人回歸樸素，也可見他對於人性抱持肯定的態度。就算是身處亂世，老子對於人性還是樂觀的。

四、無

天下之物生於有，有生於无

對於事物的有，即是對於物之存在，我們可以從它的形相、功用，加以認識，因而有所命名。所謂「有」，就是從形相去認識事物；而對於有形之物，我們會通過名來規定，是謂「有名」。比如對於一個人，我們看他的眼神、笑容、動作，多透過身體形相去了解他。我們甚至說：「他的目光非常銳利。」而對他的形貌，有所名狀，給予不同的名。至於，我們在百世之後，透過語言文字去了解一位古人，比如我們說：「賈島的詩風奇險。」我們對於賈島，仍然有所名，他對於我們仍是有。他就在紛紜事物之中，突顯出來，然後為我們用一定的名相所把握。甚至有些人未讀過賈島的詩，亦不知賈島的詩好在哪裡，但卻早已聽聞他是「奇險詩人」的名號。人的認識能力有限，記憶力亦有限，我們總不能對所有事物都有具體深入的認識，因此很多時也不過是道聽塗說，以一些名相來把握事物，容易形成呆板印象，甚至產生誤解。對於有，我們大多以名相來認識，因此「有」就相當於「有名」，有形有相的世界，就是可道可名的世界。

「有」相對於「無」而言，正如「有名」是相對於「無名」來說。「有名」是表詮，比如我們說：「這個蘋果十分甜美。」這就對這個蘋果有正面的表述。反之，「無名」就是遮詮，是負的方法。無名，就是揭示不可道的奧秘。名，就是循名求實的概念。我們通過概念思考，對於可道的世界有所把握。然而，不可道的奧秘，是超出理性思考的，即我們不能以概念思考來認識，因此就把一切的名拉掉。名無所名，以至於無，就是透過默而識之來了解奧秘。大凡對於道的本體論體會，都須通過「無」的智慧。因此，宋儒探討「太極」之本於「無極」，「無極」就是由「無」的智慧所生。佛家亦多用負的方法，比如《心經》上說：「不生不滅，不垢不淨，不增不減。」又說：「無無明，亦無無明盡。」此等種種，都是嘗試把對立兩面的概念拉掉，以至於無。因此之故，牟宗三說「無」是三教的共法，甚至是一切宗教哲學了解本體的共法。儒家不得以道家為忌，透過老子「無」的智慧，使儒家的本體論更趨於成熟。無，就是無以名之，「無」就是「無名」。

關於「無」與「有」，老子說：

天下之物生於有，有生於无。

這裡好像有「天下之物」、「有」與「無」三層，實則只有「有」與「無」兩層。所謂「天下之物生於有」，是指對於天下之物，我們都從有的一面去認識。這就有如上文講「道生一」，不是一之外，另有一層叫作「道」，而是道就是透過一去了解。天下之物皆有名，都是有，屬於可道的世界。這是容易理解的。至於有之所以為有，可道的世界之所以然的根據，就是出於無名之無，這一層就不易為人所把握了。因此，王弼說：

天下之物皆以有為生，有之所始，以無為本，將欲全有，必反於無也。[15]

通行王弼本《老子》原文，皆作「天下萬物生於有」，王弼注解也作「天下之物」，可證王弼本此句原來亦作「天下之物」，只是後人據河上公本改變了。因此，今以帛書「天下之物」為準。王弼說：「天下之物皆以有為生。」即是說天下之物生而為有；而天地之始，就以無為本；欲保「全有」，即是保有一切可能性之全，就須要返於無之本。有形的世界，生於無形，有形可毀，而無形不可毀，無保有一切可能性。正如人生出一有形有名的行動，若他能遊心於生出這有形有名的行動之無，就不會被特定的有所限，而更能由無生有，生出其他行動，以至於不行動。為無為，而後能無不為。「無為」，就是對於特定行動的否定，去體會無的智慧，而能生出一切有為。對於這番無為工夫，我們在後面還會詳細討論。

憨山大師說：

苟知有生於無，則自然不事於物，而能體道凝神矣。豈易得哉。[16]

15 王弼，《老子道德經注》（臺北：世界書局，1996年），頁25。

16 憨山大師，《老子道德經憨山註　莊子內篇憨山註》（臺北：新文豐出版有限公司，2004年），頁101。

「如果了解有生於無，那就自然不從事於具體的事物，而能夠體會道體、凝聚心神了，這是容易得到的嗎？」老子講「無」與「有」，固然講出了一套形上學，但他的旨趣並不在於理論，而在於工夫。對於無的體會，旨在使人收斂心神，至於虛無的境界，從而生出無限妙用。所謂無限妙用，即是無而能有，有而能無，不限於一定方所的大用。唯其以無為本，所以能保有全有。心存全有，即保存一切可能性，人才能更有創造。老子之所以教人體會道體之無，是為了令人生出妙用。唯其能體會無的智慧，所以能妙用；唯其能夠妙用，所以無限，此之謂「無限妙用」。通體而能達用，即用見體，全體是用，就是這個意思了。

有形有名的事物易見，無形無名的境界難知。老子就是要教人由可道的世界，返於根本，歸於不可道的奧秘。人大多著眼於有形可見的事物，而不能體會生出有形事物的根本，而這根本就是無形無相，無以名之，就是無。西方傳統哲學為存有而奮鬥，著眼於有。馮友蘭指出中國哲學的特點就在於，哲人採用了負的方法。關於這點，西方哲學要到了十八世紀，負的方法才因康德大行其道。由此可見，要了解本體無的一面，並不容易。老子可謂獨具慧眼，卓絕過人，別樹一幟了。

16 无之以為用

老子所說的「無」，是從可道的世界，揭示不可道的奧秘。一般來說，我們對事物作對象化的認識，多從眼、耳、鼻、舌、身，而感知到色、聲、香、味、觸，取得五感，所以我們精神往外投注，往往就是在現象世界之中，感受到有形有相之物。比如我們飲水時，手持水杯，會感受到實物，覺察到有的一面，乃至在生活的大小事情之上，我們為有所環繞。然而，老子要指出無的一面。水杯之所以能盛水，不但在於它有的一面，而更在其中空虛，唯其是空虛的，才能有所容盛。這就是無的作用了。可道的世界有形有相，易見易知，不可道的奧秘卻是我們生活於其中，但習而不察的。我們須從器物有的一面，翻轉過來，看到無的一面，於是我們證見有無相生。道既體現在形相之中，又超出形相之外，道是有，也是無。但如果我們迷於現象世界，而不能證得無，那麼也不算是見道的。因此，老子說：

> 三十輻同一轂，當其无，有車之用也。埏埴而為器，當其无，有埴器之用也。鑿户牖，當其无，有室之用也。故有之以為利，无之以為用。

車輪上的三十條輻軸，湊向一個虛心的車轂，就因為在它虛無的地方，車輪能夠轉動，而有車子的用處。揉搓黏土而成器皿，就在其虛無之處，我們有陶器的用處。至於鑿開門窗，就在它的虛無之處，我們有居室的用處。因此以上所舉木、土、壁三者，有是它的利，無是它的用，合有無二者，才成其器用。樸素是道，器用也是道。我們從器用體會道，更要從無與有兩方面了解。道既體現於形相之有中，也超出了有，又須從形相背後的虛無去體會。關於這一點，憨山大師解釋：

此言世人但知有用之用，而不知無用之用也。意謂人人皆知車轂有用，而不知用在轂中一竅。人人皆知器之有用，而不知用在器中之虛。人人皆知室之有用，而不知用在室中之空。以此為譬，譬如天地有形也，人皆知天地有用，而不知用在虛無大道。[17]

「這是說世人只知道有用之用，而不知道無用之用了。其中的意思是說人人都知道車轂有用，卻不知道它的用就在轂中虛竅。人人都知道器皿有用，卻不知道用器中的空間。人人都知道房子有用，卻不知道用處就在房子的空間。以這些東西來作譬喻，比如天地是有形相的，人都知道天地有用，卻不知道用在虛無大道。」老子所說的事物虛無一面，其實是比喻虛無大道，就是道的無的一面，憨山大師繼續說：

17 憨山大師，《老子道德經憨山註　莊子內篇憨山註》（臺北：新文豐出版有限公司，2004年），頁63。

亦似人之有形，而人皆知人有用，而不知用在虛靈無相之心。是知有雖有用，而實用在無也。然無不能自用，須賴有以濟之。故曰有之以為利，無之以為用。利，猶濟也。老氏之學，要即有以觀無。若即有以觀無，則雖有而不有。是謂道妙。此其宗也。[18]

「亦似人之有形相，而人都知道人有用，而不知用在虛靈沒有形相的心。因此知道有雖有用，但實際上的用在無。但無不能自用，而須要靠有的幫助。故此說：『有之以為利，無之以為用。』利，猶如幫助。老子之學，重要在即於有以觀無。如果即於有以觀無，則雖然是有，但同時是無。這就是道的妙處。這是他的宗旨。」這是指我們看見天地萬物，都是有形有相的，而不知之所以能照見天地萬物，這是無形無相的心靈作用。心靈虛空而能包容天地萬物。如果心靈為形相所滯礙，執著於特定的有，就不能虛納萬物。心靈貴在常能虛空它自己，而能夠含藏天地萬物。老子講無，是指我們的心不為特定概念或印象所佔有，而回到純粹意識，被動地接受天地萬物，這樣就能體會道的妙用。當然，不限於特定的有，不等於完全是去掉了有，所謂的無，要即於有去體會。從一切對於事物的知覺之中，我們領略心靈的作用。不為特定的有限制的心靈作用，就是無限妙用。所謂「即有以觀無」，就是體會這無限妙用。

18　同上，頁63-64。

雖然老子說「有」說「無」，兩個概念有明顯的分別，但是從實證上，即有以觀無，我們可以從無限妙用的心境，同時證悟道的無與有兩面。魏晉玄學有貴無說與崇有說，貴無說是從「有」之外，分別出超越有的「無」，並以此為體，因此貴無；崇有說是從「無」的概念，連「無」亦去掉，無「無」了，就只有「有」了，並以此為全用，因而崇有。其實從存在的實證上，兩者毫無二致，即用見體，全體是用，而體用一如。「貴無」與「崇有」的分別，是哲學概念運用上的差別，形上學觀點側重有所不同。王弼注《老子》，重視「無」的一面，因而被視為貴無派。其實，人皆知有之以為利，但卻忽略了無之以為用，老子舉出了數個比喻，旨在提示「無」的智慧，翻轉人的日常觀點，令之見道。因此之故，王弼所言，不是沒有道理的。

總括而言，老子直指虛無，旨在令人對於道有本體論的體會。人容易沉迷在現象世界，執著具體的事物，心靈充斥著限定之有。老子提揭虛無大道，使人歸於無知之心，從而生出無限妙用。不著於有，亦不著於無，有而能無，無而能有，能夠通體達用，這才是真正能明白老子之意。

五、虛靜

17 致虛極也，守靜篤也

老子說可道的世界之上，有一不可道的奧秘，並以此奧秘作為天地萬物的根源，這就是道。道，就是天地萬物之所由，一切現象界事物皆由此而出。道，一來是天地萬物所由出的道路，也是人回歸於根本之道。這種回歸之道，是一種向後返的工夫，就是由眼前的經驗世界，回到本源的道路。老子所說的不可道的奧秘，不能通過對象化來認識，不可向外追求；反之，我們要歸於虛靜，回到經驗世界尚未生起的狀態。所謂經驗世界，就是為人所經驗的存在，因此要回到經驗存在的原初狀態，就須從心上作工夫。我自虛靜，天地萬物亦自虛靜，而歸於未作之初。老子說：

> 致虛極也，守靜篤也。萬物並作，吾以觀其復也。夫物雲雲，各復歸於其根。歸根曰靜，靜，是謂復命。復命常也，知常明也；不知常，妄，妄作，兇。知常容，容乃公，公乃王，王乃天，天乃道，道乃久。沒身不殆。

「推窮虛無的極致，守住寧靜的專一。萬物都作動起來，我是以觀看它們復歸。萬物動作，各自復歸於根本。歸於根本叫做靜，靜，就是復歸於天之所命。復歸於命是常道，明白常道是明智；不明常道，就是妄，任意妄作，就會遭遇凶險。明白常道就能包容，包容就是無私，無私就能周遍，周遍就能契合上天，上天就是道，道就是永恆。能夠契合於道，就算身死，也不殆盡。」這是說虛靜的工夫可使人回歸根本，不但是心理活動的根本，而且是天地萬物的根本。由於天地萬物都在我的經驗之中，因此返回經驗心的原初狀態，就是回歸天地萬物的根本。我看到萬物作動，而回到未動之時，就是歸於本源。正如憨山大師所說：

虛，謂外物本來不有。靜，謂心體本來不動。[19]

「虛，就是外在之物本來沒有的狀態。靜，就是心之本體原來不動的情狀。」虛靜就是對於事物原初狀態、宇宙本體的體驗。「虛」是對實有的否定，「靜」是對變動的否定，就如「無」是對經驗事物的總體否定。通過對於現象界事物的否定，歸於虛靜，就能夠觀看天地萬物回到根本。於此，陸西星說：

夫道本虛無靜一，靜極而動，游氣紛擾，生人物之萬殊，而道始落於後天名相之中，故體道者原本返始，以致虛守靜為本焉。常觀清淨之中，一物不着，何其虛而靜也。少有物焉，虛

19　憨山大師，《老子道德經憨山註　莊子內篇憨山註》（臺北：新文豐出版有限公司，2004年），頁70。

者實而靜者撓矣。太虛廓然，片雲橫而障凝，淵泉湛若，微風起而波生，焉能復其本然之體哉？[20]

「道本來虛無靜一，靜極而生動，遊動的氣紛紛而動，生出人與物的各種殊別，而道才落於後天的名相之中，因此體會道的人返回本始，以致虛守靜為根本。恆久觀看清靜之中，一物都不附著，何其虛無而清靜。至於有一點事物，虛無被實物佔有而清靜受到擾動。太虛廓清，一片流雲橫陳而障礙形成，清泉深湛，微風吹起而波浪起動，怎能回復它的本來的體性呢？」這是就體道者的虛靜工夫來說。虛靜的工夫就是減少動念，至於一念不亂，回復廓清深湛，如天空，如清泉，通體透明，任物來去，而不為所動。如此，則動無動相，靜無靜相，實非死實，而虛非死虛，不落於相，這就是真正的虛靜了。若是守著虛靜的相狀，那就是有了。虛靜是否定，是負的方法，要是連「虛靜」都否定掉了，那才是真正的虛靜。蘇轍說：

致虛不極，則有未亡也。守靜不篤，則動未亡也。丘山雖去，而微塵未盡，未為極與篤也。蓋致虛存虛，猶未離有；守靜存靜，猶陷于動，而況其他乎？不極不篤，而責虛靜之用，難已。[21]

20　陸潛虛真人，《方壺外史》（臺北：自由出版社，2018年），頁296。
21　焦竑，《老子翼》（上海：華東師範大學出版社，2011年），頁40。

「推窮虛無不至於極致，則實有未銷解。守定清靜不至於專一，則擾動未銷解。丘山雖然去掉，但微塵未去盡，不是極致與專一。因為推窮虛無而尚存虛無，猶且未離開實有；守定清靜而尚存清靜，猶且陷於擾動，而何況其他呢？不至極致，不至專一，而責求虛靜之用，就很難了。」這是說致虛守靜，但仍尚存虛靜的念頭，那就著於虛靜之相，而不是真正的虛靜了。因此，真正的虛靜工夫，不是固守著箇虛無清靜而已。雖然最初工夫是要否定經驗事物的總體，去追求虛靜的根本，但到了最後，卻又要從芸芸萬物之中，體會到虛靜，即使在動態之中，亦不減心的虛靜。由於在動相之中，不減心的虛靜，這才是真正的虛靜。真正的虛靜，不止見於虛靜之相，也見於實有與擾動之相。這樣的虛靜之心，就像天空一樣包容一切，也就能夠無私，能夠周遍，於是能夠契合天道，因而能夠恆久而無盡。

虛靜是向後返的工夫，歸於一念不生之時，然而體會到一念不生的境界，又要覺其念動，而不減虛靜。只是守著虛靜，不是真正的虛靜，只有在萬物並作，觀看一切復歸於命，才算是深湛的虛靜。這不但達到虛靜的本體，而且能生出大用。這就是通體達用的意思了。只有通體，才能達用；也只有能夠達用，才能真正領略道的體性。不執於有，亦不執於無，是謂妙用。妙用即不限死於特定之用，無而能有，有而能無，這就是無限妙用了。虛靜就是通達無之本體，又能實現有之妙用，合此二者，即是「致虛極也，守靜篤也」的工夫了。

人的精神終日向外投注，它投向萬事萬物，日應萬機，流蕩於外，而不知所歸。在白天，人們憧憧往來，心是屬於眾人的；在黑夜，人需要休息，令精神不再向外投放，而回歸內在，這時心是屬於自己的。因此，白天發散，為陽；黑夜閉藏，屬陰。陽氣根於陰，也只有歸於至陰之境，真陽才得以生發。這就是靜極而動的道理。當身心進入虛靜的狀態，至於極致，生命才得以生息。一般人不知修養身心，一味向外追逐發作，這使真陽耗損。就算在睡覺的時間，他們仍會夢見日間種種影像，逐境而馳，這使生命不得安息。修養身心的工夫在於虛靜，不動形軀，不動心神，使精神內守。所謂精神內守，不等於後世道家的守竅，不在於集中意念於身體上某一點，因為一旦著意去守，就不是虛靜了。丹道家靜坐時數息，著意於數，屬於武火，這只是為了專一心知的初步工夫。至進一步工夫，連這心知亦須忘掉，至於虛靜。若真能至於虛靜，則有意無意，似守非守，這時用的是文火，如雞抱卵一樣輕柔。當身心入於虛無，而先天一炁不採自入。以上所說，為丹道要略。這也不過是「虛靜」一辭可以賅其大要。因此，老子說：

五色使人目盲，馳騁田獵使人心發狂，難得之貨使人之行妨，五味使人之口爽，五音使人之耳聾。是以聖人之治也，為腹不為目，故去彼取此。

追逐五色、五味、五聲、馳騁田獵和難得之貨，都是向外馳逐的感官刺激。如果人追求感官刺激，只會愈追愈激烈，而令感官愈來愈痳木。因此，向外馳逐會目盲、口爽、耳聾、行妨和心發狂。人心一直沉淪下去，也不是辦法。因此，聖人之治其身心，為了果腹而已，而不為眼目。目能視物，向外馳逐，腹則在內，所以去彼之目視之物，而取此之果腹飽食。

《陰符經》上說：「機在目。」這就是說，心知之開關機竅在眼目。雖然我們有眼、耳、鼻、舌、身五根，但在人的意識佔主導地位的，卻是視力。我們透過五感認識世界，但眼睛卻是心知的主要門戶。一般來說，目力耗費不少精神，視覺對象引導我們的大部分注意力，所以我們睡覺時要閉上眼睛，使精神不向外泄。而道家有閉目養神之說，確是有其真知灼見。當年南懷瑾跟劍仙學劍不成，卻得到收斂目光的教導，這使他畢生受用。比如看花，我們的精神都投放到花之上，但若要做收斂工夫，是將看花的精神收攝回來，讓花進入眼簾。這有如打坐之時垂簾，似看非看，就是如此練目。就算是佛家所說的自性之光，亦寄於雙目，修其自性之光而歸於虛靜，是一切修行的大要。關於目之機，王船山說：

目以機為機，腹以無機為機。機與機為應，無機者，機之所取容也。處乎目與腹之中者，心也。方且退心而就腹，而後可以觀物。是故濁不可使有心，清不可使有迹。不以禮制欲，不以知辨志，待物自敝、而天乃脫然。[22]

「目是以心機為竅門，腹卻是沒有心機作竅門的。竅門與竅門為相應，沒有心機者，是心機所取容之處。處於目與腹之間的，是心。剛才退心而處於腹，然後可以觀物。因此，不論清濁，都不可使有心著迹。不以禮來節制欲望，不以智慧來辨明心志，依待外物而自已破敝，而脫落物的羈絆就是天然。」目是心知開闔機竅，腹沒有知而無所謂機竅，以無知容取心知，而歸於虛靜，才能觀萬物之自在。因此，心有妙用，而不能有心著迹，反生滯礙。只有脫落物的羈絆，才能自然。目是心知之機，為精神的門戶，因此收攝心神，歸於虛靜，就是體會虛無之道。天下之物生於虛無，虛無為萬物之本。心能知覺萬物，萬物都在經驗之中。歸於虛靜，回復無知之心，就能體會道之本體，令萬物歸根復命。就是因為老子具有無的智慧，才會教人歸於虛靜。「無」是否定式表述，是即於萬事萬物之有，而無其所有，體會天地的本源。天地萬物是有，而成就天地萬物的根源，卻不能是一般的有，所以是無有，是無。至於人的心知，逐有而生，於是老子教人以虛靜，一樣是負的方法，就是忘掉萬有，而歸於虛無。這是一種回歸之道，返回未有之初。心不認識天地萬物，

22 王夫之，《老子衍　莊子通　莊子解》（北京：中華書局，2020年），頁9-10。

而歸於虛靜，即是無知，便能體會道之本體。「無」是對於道之本體的否定式表述，而虛靜是領會無之智慧的門徑。

關於虛靜的工夫，蔣錫昌說：

按「腹」者，無知無欲，雖外有可欲之境而亦不可見。「目」者，可見外物，易受外境之誘惑而傷自然。故老子以「腹」代表一種簡單清靜、無知無欲之生活，以「目」代表一種巧偽多欲，其結果竟至「目盲……耳聾……口爽……發狂……行妨」之生活。明乎此，則「為腹」即為無欲之生活，「不為目」即不為多欲之生活。「去彼取此」謂去目（多欲之生活）而取腹（無欲之生活）也。[23]

這裡所說的「腹」代表「一種簡單清靜、無知無欲之生活」，無知即是歸於虛靜，而所謂無欲，更準確地說，應該是寡欲。人生於世，不能無欲，但人不能向外紛馳，而要回歸於內，因此須要寡欲。寡欲即是維持基本的生活，滿足必要的需求，卻不陷溺於感官刺激，而使精神耗散。因此，牟宗三說老子之學，正正針對這種向外虛耗，名之曰「生命的紛馳」。目既為向外耗散的機竅，所以代表「一種巧偽多欲的生活」。因此，既要回歸虛靜，以體會道之虛無，就要去彼取此，所以老子說：「聖人為腹不為目。」

23 高明，《帛書老子校注》（北京：中華書局，2020年），頁390。

19 道盅，而用之又弗盈也

虛靜是返回經驗生成的本源，體會道之本體的工夫。但一旦著力於虛靜，有意於用功，就不是虛靜了。虛靜不可無心，也不可有意，就在似有還無、綿綿若存之間，潛沉做工夫。一開始的時候，還須用力克制妄念，不跟心猿意馬亂跑，著意於虛靜的相狀。畢竟，雖然著意於靜相，不是真正的虛靜，但也較為接近於道。重要的在於形軀不動，心念不動，無勞汝形，無搖汝精，而歸於一「靜」字。當一切動作止息，心就會進入一種完全被動的狀態，這時就不必再著意用功了，而完全進入虛靜。虛靜之為虛，就在於這種靜能容得下一切動作，這即是說，當進入了虛靜、體會到道之本體，還須要生起作用，並於一切動作之中，不壞虛靜的境界。這說來也很難，但只不過是在虛靜之中體會了道之本體，然後在生活中，無論在動靜之中，都不失本性，而不為所有動念所迷。古有僧人問道於禪師，禪師問他有甚麼心得，僧人答以此心照天照地，禪師否定他說：「未見道。」及至修行數年，有成下山，人問他有甚麼心得，仍答以：「照天照地。」只因之前只是知解，是口頭上說道理而已，扎根未深，所以經不起禪師考驗。經過數年日夕相處，跟禪師修法，得以真正用功，終至徹悟，所悟亦不過此心，如一古鏡，寂而常照，照而常寂而已，因此仍說：「照天照地。」但此時境界已經不同，前後判若兩人。這不過是說明「虛靜」二字，本是寂而常照，照而常寂，知道心本是寂靜，不求靜而能靜，所以能容下一切動相，而見其虛空，合此寂靜與虛空，便是虛靜之道。關於虛靜之道，老子以虛空之器來作比喻，帛書上說：

道盅，而用之又弗盈也。淵呵，似萬物之宗。

王弼本作：

道沖，而用之或不盈。淵兮，似萬物之宗。

「沖」本作「盅」，是指器皿的虛空之處，這虛空之處，我們能夠利用，而不能使它盈滿，只因充實了之後，仍可回復虛空，而成它的虛器之用。因此，虛空淵深，似是萬物的宗主。無能生出一切事物，而不成為一物。虛空便似是萬物的宗主。人能夠體會虛空，而常能用虛，便能接近道。靜之為靜，在於它能虛納事物，而不為所動。這不是在動相之外，另求靜相，而是即於動相，而能虛靜。我自虛靜，萬物皆能自得其所，而成為它自己。因此，不求萬物寂滅，而心能保持虛靜；心能保持虛靜，自能靜觀物各自生，自然自在，而見其道。由於虛靜，能觀萬物自由其道，是謂大道。因此之故，人能用虛，而沖虛似不能盈。關於用虛，帛書上說：

銼其銳，解其紛，和其光，同其塵。

銳是用其知識去力求，因而成其鋒銳，為道就是銼去人的鋒銳。至於精神向外馳逐，便是紛擾，為道就是向內收攝，而解除紛擾。調和光芒，收攝內照，光而不耀，歸於本體。既得本體，又不自我標榜，不驚世駭俗，而同於塵俗，就是起用。王船山說：

> 唯沖也，可銳、可光，可紛、可塵，受四數之歸，而四數不留。[24]

只因為沖虛，可銳或可光，可紛或可塵，四種規律歸之於沖虛，而沖虛不留四種規律。可見用虛之道，在用於所有動相之中，由此以體會道。不但體會本體，而且領略道之作用，而成其無限妙用。因為沒有定限，所以妙用無方；因為能夠妙用無方，所以不受限定。所謂用虛，即是無限妙用。如此，就能體會萬物的原初狀態，帛書上說：

> 湛呵似或存，吾不知其誰之子也，象帝之先。

道之為物，深沉不見，但又好像存在，老子說不知道道是由甚麼而生，是誰人之子，好似於天帝之先就存在。古人崇信天帝，以祂為萬物之主。老子更以道在天帝之先，天帝與萬物皆源出於道。

---

24 王夫之，《老子衍　莊子通　莊子解》（北京：中華書局，2020年），頁6。

道本無名，道不能循名求實，虛空亦不能循名求實。道無形無狀，虛空亦無形無狀。也只有用虛，歸於虛靜，才能體會道之本體和領略道之作用。所謂虛靜，是從作用而見本體，達到本體而生起作用，即用見體，全體是用，體用不二。虛靜在覺察動念之中，而見其虛靜；覺察就在不壞虛靜之中，而成其覺察。這就是寂而常照，照而常寂的道理。虛靜就是在這寂與照之中，而成其體與用。正如道就體現於天地萬物，天地萬物皆由道而出，而都自成其道。這好像是說道生萬物，其實是物各自生，自然而然。道是自然之道，生是不生之生。人能觀天地萬物之自然，即能觀物之各由其道，就能觀於大道。我自虛靜，物皆自然。心能觀物，自同於道。一自然，能見一切自然。虛靜是通體達用的工夫，去除障礙，自能靜觀，而達於虛靜；達於虛靜，自然能虛納一切，而不覺有礙。唯其無礙，所以有容；唯其有容，所以無礙。因此之故，無而能有，有而能無，無有相生，即有即無，是之為無限妙用。用虛，便是無限妙用了。

天地之間，其猶橐籥與？

用虛之道，就在於無礙而有容，正是因為心中沒有滯礙，而能包容一切。對於道的體會，亦復如是，無是本體，有是作用。就概念分別來說，有無相生，有體有用，但就實證而言，體用不二，無礙與有容原是一事。只要不存先見於心，就能體會虛靜之道。用虛，就是能既包容善人，亦能包容惡人。人因有了仁義之心，所以期望天帝也有分別善惡之心，而善待善人，排斥惡人。老子則以虛靜之心體會道體，所以成其虛靜之道。虛靜是被動地接受一切，不使有礙，因此能成道之大用。雨降給義人，也降給惡人，自然之道不因人的主觀意志而移易。善人自成其善，惡人也自遭惡果，大道客觀地讓一切自然自在，自成自得，而不加以干預。聖人於人，亦不加以掣肘，不會用一己之心，強人於難。因此，老子眼中的世界，是一客觀冷靜的冰清世界。他之用心，亦是冰清的，不為一絲私情所擾。因此，老子說：

天地不仁，以萬物為芻狗；聖人不仁，以百姓為芻狗。

「天地沒有仁義之心，以萬物作為祭祀用的草狗，祭祀時它因其時位而受人尊崇，祭祀後也因其時位不同而受人唾棄；聖人也不存仁義之心，也以百姓為祭祀用的草狗，放開一步，讓他們自展其性，各遂其生，而不加干涉。」世界有其客觀規律，那就是自然之道，就是讓物各自生之道，就連聖人也不能違反。因此，聖人不包辦世人之善，不以一個歷史的大目的囊括一切。偽先知以救世計劃的終極目的，來包辦世人一切美善，在這種歷史哲學中，也只有合乎大目的，才能稱作善的。人們美其名曰「革命」，而犧牲奉獻所有，甚至不擇手段，以成就歷史的目的。在此之中，他們貌似大仁大義，說為了全人類，但那也不過是沒有面目的、抽象的「人類」而已，而忽略一切具體的、差異的個體之人。人各有其目的，又豈能以一個大目的來抹殺所有差異呢？歷史上，不少偽先知以「真理」之名，作下了很大的罪惡，包括聖戰、屠殺、毀滅。這都是受到宗教哲學上的大目的論影響，而成的殘酷不仁。老子所說的天地不仁，不是指這種殘酷不仁，而是要否定上述的宗教哲學上的大目的論。老子不以己意猜測天道，而是以虛靜來體會天道，把自己的激情冷卻，觀成一個冷靜冰清的世界。何況天助自助者，聖人亦不貪天功以為己有，不以大仁大義自居。因此，老子既以天地不仁，又以聖人不仁，以百姓為祭祀用的草狗。不偏愛，不私交，這反成了廓然大公。

對於道體虛靜的體會，老子以一個鼓動的風箱去比喻，形象化地論述了聖人的用虛之道。老子說：

> 天地之間，其猶橐籥與？虛而不屈，動而愈出。

橐籥是冶煉時鼓風熾火的風箱，橐為獸皮所造，包藏虛空，籥為吸風的竹管，皮橐受壓鼓動，空氣就由籥管進入或排出。正是由於它中間是虛空的，所以它不能被屈折，反而愈動愈能出氣。道之能生萬物，不在於它以生生之德自居，而在於它能處虛而用虛。在靜時它是空虛不屈，在動時它動而愈出，這一切之中，又以虛靜為根本。蘇轍說：

> 排之有橐與籥也，方其一動，氣之所及，無不靡也，不知者以為機巧極矣，然橐籥則何為哉？蓋亦虛而不屈，是以動而愈出耳。天地之間，其所以生殺萬物，雕刻眾形者，亦若是而已矣。[25]

「排氣有皮橐與籥管，它才一動，空氣無所不及，不了解的人以為機巧之極，然則橐籥是如何作為呢？也不過是虛空不屈，鼓動而愈能出氣。天地之間，自然之道所以生殺萬物，雕刻成眾多形態，亦有如這樣了。」重要的仍在於用虛，正因為它中間是虛空的，所以能作用無窮，而不為窒礙。聖人體會虛空之道，就在於一「靜」字。虛靜則能放下萬有，觀天地萬物復歸於根本，根本就在於無。人多著眼於實物，看見實有，老子則以無之智慧，教人用虛，而虛空卻是生出一切實有的本源。要體會虛無之體，就在於虛靜的工夫。關於虛靜的工夫，老子指出：

25 焦竑，《老子翼》（上海：華東師範大學出版社，2011年），頁14。

多聞數窮，不如守於中。

王弼本中，此句作：

多言數窮，不如守中。

多聞即博學，老子乃有學不學之道，所以說向外認識將會窮拙，不如向內體證虛空之道。多聞也好，多言也好，都不好把精神流蕩於外，反而抱持心中的虛靜。「守中」之中就是指橐籥中間的虛空，無礙而有容，有容而無礙，既無而有，又有而無，即用見體，全體是用，而體用一如。

總括而言，虛靜的工夫是回歸之道，從向外認識萬物並作，而回復到根本，歸於無之本體。虛靜不是死體，而能容納萬象，生起大用。就是即於動靜二相，但不壞虛靜，才是真正的虛靜。做虛靜的工夫，就是於一切動態之中，不動私情，一心不亂，始能處處而用虛，又不失清靜。這就有如鼓風熾火的橐籥，鼓動萬物而不失虛靜。聖人處於虛靜，因能不偏私，不以仁義自居，而觀成一冷靜冰清的世界。用虛，就是去礙而能容，與道為一。唯其無礙，所以有容；因其有容，便見無礙；有無如一，就是虛靜之道。

六、母

天下有始，以為天下母

老子崇尚女性，並以母親來比喻道。老子所說的母親，不脫母系社會的遺風，《老子》一書中就有「眾甫」之說，「眾甫」即「眾父」。在上古時代，母親為一家之主，不但生兒育女，而且主理家事，兒女知母而不知父，因此兒女的生育成長，全賴母親，眾父不過是借種而已。老子說到母親生子，又說到眾父，即是以性愛來比喻道生萬物。在《老子》的首章，就提到「有名，萬物之母」，當我們談論道的有名一面，即宇宙論上的領略時，就會以母親來作譬喻。母之生子，源於性愛，本於男女交合。人身之生，即含具由無數男女祖先而來的驅力，而內含愛欲的本質。人性本於愛欲，人皆稟受愛欲，只要人反身內省就能證見自己的生命意志。由此人可以領略到宇宙意志的作用，並彷彿從天地萬物之中，都看見這種原始的生命力。叔本華以生命意志為宇宙本體，所謂「意志」，不同於自由意志，我們不好將之精神化，生命即是意志，意志即是生命。叔本華甚至將生命意志物理化，說天地萬物中的力，都是生命意志的表現，他曾以磁鐵的吸力為例，說磁力也是宇宙意志的體現。這是人由自身的生命驅力，了解宇宙意志，從而領略天地萬物中的力，皆同是一物。老子以母親生子來比喻道生萬物，對於老子來說，也是能近取譬，從自身生命領略道的作用。老子領略到天地之間，存在著一種好似愛欲的力量，萬物皆求與對立的力量結合，而成一和諧，如男之求女，女之索男。生物大多分為陰陽，而求陰陽和合，有所生育。就算是磁鐵，也有陰陽兩極，而異性相吸。也如天地為一陽一陰，天高明而地博厚，二者合而生成萬物。此等種種，固然出於想像，然而在根本之處，這些都是本於古人的原始直覺。所謂道是萬物之母，就是老子的原初的洞見。此為老子思想的根本之處，其餘觀念皆由此而出。要把握老子哲學大要，就在於明白母道。老子說：

> 天下有始，以為天下母。既得其母，以知其子：既知其子，復守其母，沒身不殆。

所謂「始」，即是少女之初，後來她成為了天下之母。天下母即是道，天地萬物都是她的兒女；得悟母道，就能了解作為兒女的天地萬物；心知向外認識天地萬物，又要能反身內守，復歸於道，這樣才能進入不生不滅的境界，死而不亡。有關母道，全真道人宋常星說：

> 既知道生萬物，則得其母矣。既知萬物由道而生，則知其子矣。物從道出，物不異於道也；子從母生，子不異於母也。物不異於道，豈可棄道而求物乎？子不異於母，豈可捨母而求子乎？既知其子，則宜守其母。子不離母，母不離子，子母同居，全其始終之理，得其本源之道，終無喪身之害也，故曰：「既得其母，以知其子；既知其子，復守其母，歿身不殆。」[26]

26 宋常星，《道德經講義》（臺北：東大圖書公司，2019年），頁231-232。

道是萬物之本，一如母為子之本，道生萬物，就如母之生子。萬物與道本是一體，子與母亦本是一體，豈能捨本逐末？所謂子母互不相離，即指示人與道合一，而無喪身之害。不是說肉身不會死亡，而是自我同一於道，以道為我，因此死而不亡。另一位全真道人黃元吉更把母道具體地說為「先天一氣」：

> 此言真陽一氣，原從受氣生身之初而來。人之生，生於氣，氣顧不重哉？試思未生以前，難道無有此氣？既死而後，未必遂滅此氣。所謂先天一氣，懸於太空之中，有物則氣在物，無物則氣還空。天地間，舉凡一切有象者，皆有生滅可言；惟此氣，則不生不滅，不垢不淨，不增不減，空而不空，不空而空，至神而至妙者也，故為天下萬物生生不息之始氣。[27]

人之生，本來稟受先天一氣，又作「先天一炁」。於我未生之前，已有此炁；於我身死之後，此炁不滅。此炁生物則在物，物化則還於空虛本體。物有生滅，而炁無生滅，即於空虛本體而見於不空之物，即於不空之物而歸於空虛本體，至為神妙，為生生不息之炁，而為天地之始。此先天一炁，更具體地說，即表現為生命意志。此生命意志，可具體地從愛欲中領略。愛欲是一種熱切的渴望，如人之心知，亦是為這種熱望而服務。人的心知受熱望鼓動，向外馳逐，而不知返於根本。老子教人向內逆反，回歸虛靜，把流蕩的精神收

27 黃元吉，《道德經註釋》（北京：中華書局，2019年），頁219。

攝回來，這才能使真陽生息。老子說：

塞其兑，閉其門，終身不勤。啟其兑，濟其事，終身不救。

「兑」同穴，閉塞七竅，關上精神的門戶，不勤不勞，這樣就能歸於虛靜；歸於虛靜，就能忘我而與道為一，打破內外的界限；所謂打破內外，與道一體，具體地說即是採得先天一炁。我們不能主動作為，取得先天一炁，反而要止息一切作為，完全被動，即是回歸虛靜，先天一炁自然不採自採。聖女大德蘭論及與主合一的神秘經驗，就說到這種歸於完全被動，毫不作為的狀態。若用天主教的語言來說，神恩不是靠人的作為而求得，只有在捨棄自我的時候，神才會把恩典賜給世人。若用老子的話，就是「虛靜」二字而已。反之，開其竅穴，應接萬機，而不知回返，便是終身不救。老子又說：

見小曰明，守柔曰強。用其光，復歸其明，毋遺身殃，是謂襲常。

「小」是指微、希、夷的樸，抱樸而內守，便叫做「明」。「守柔」即是處於被動狀態，就是真正的強。心知向外作用，就是光照，復歸於內守之明，於是不遺禍害。這就叫做「襲常」。「常」同「裳」，解障蔽。我自韜光養晦，內守其明，就是襲常。

宋常星《道德經講義》，把這一章標題為「守母」，實在是精到。老子講論母道，不只是為了滿足形上學的理論興趣，而是緊扣「復守其母」的工夫來說。守母就是放下一切造作，回歸虛靜，亦即是處於完全被動的狀況。所謂與道合一，就是採得先天一炁。丹道家的有為法固有多種，但在最終一步，仍是要修無為法，採取先天一炁，與道合一。修有為法固然能有輕身延年的效果，但不修無為法，只修命而不修性，終不能成金丹。丹道家所謂的丹頭藥物，就在於這不生不滅的先天一炁。明乎此，則知離開先天一炁，並無長生久視之術。

22

吾欲獨異於人，而貴食母

人皆稟受愛欲，而心知又為愛欲服務，因此心知不斷向外馳逐，使精神時常流蕩分散。愛欲本是生命的原始力量，老子亦不以性愛為禁忌，甚至以之來比喻道之作用。只是人受到愛欲驅使，盲目向前，逐境而馳，耗費精神，不知收斂。正如古賢所說：「順之則生天生地，逆之則成聖成賢。」順取愛欲，心知逐境，於是生出天地萬物；若能逆取這種原始的生命力量，則能夠超凡入聖。關於這股先天的生命力量，就是道之作用，老子稱之為「母」；而逆取返於原本，這是回歸之道，老子稱之為「食母」。食於母道，就如嬰兒食母乳一樣，從中取得源源的生命力量。帛書上說：

唯與訶，其相去幾何？美與惡，其相去何若？人之所畏，亦不可以不畏人。朢呵，其未央哉！衆人熙熙，若饗於大牢，而春登臺。我泊焉未兆，若嬰兒未咳。纍呵，似无所歸。衆人皆有餘，我獨匱。我愚人之心也，沌沌呵。俗人昭昭，我獨若昏呵。俗人察察，我獨悶悶呵。忽呵，其若海。朢呵，其若无所止。衆人皆有以，我獨頑以俚。我欲獨異於人，而貴食母。

「答應與怒斥，它們相差有多少？順心與逆意，它們相差多少？人之所畏懼的君王，亦不可不畏懼卑微的百姓。望啊，這是沒有際涯的。眾人愉快，好似享用九鼎，而春天登臺。我恬靜不動，好似嬰兒未學會笑。疲憊啊，似沒有歸止之處。眾人都有餘裕，而我自匱乏。我好像擁有愚人的心，渾沌無知的樣子啊！俗人的光輝昭顯，我自好似昏暗啊。俗人嚴苛規察，我自淳樸無識啊！惚啊，它好似海。恍啊，沒有歸止之處。眾人都有功用，我自頑固與鄙陋。我將獨自不同於人，而貴於食母。」於道來看，天地萬物皆為一體，皆有所本於道。老子之異於眾人，不在於他的造作不同於別人，而在於眾人造作而異於道，老子則貴食於母道，不異於道，而將與人不同。眾人皆順取，生命都向外紛馳，而老子則恬淡虛靜，寂寞無為，好像回到嬰兒還未學會笑，完全依賴母親，處於柔順被動的狀態，食乳於母一樣。老子回歸渾沌惚恍，回到純粹意識，或無知之心，歸於混而為一的境界。如此，就能通達於道。關於「食母」，陸西星解釋：

> 我之所以獨異於人者，何哉？亦為食母之為貴焉耳！蓋「無名天地之始，有名萬物之母」，萬物之母炁，即先天之始炁，一而二，二而一者也。人皆得之以有生，而以智慧巧利竅鑿混沌，存焉者寡矣。聖人則知母炁之在人，乃吾生身立命之根，而不可須臾失也。於是觀妙觀徼於同類有情之中，而竊其互藏之精，以為性命之主，養之醞之食之味之，則見道味深長，而世味為之自忘，又何俗學之足以攖吾念哉？「食母」二字，老聖平生學術，盡露於此。篇

中「食母」、「守母」、「有國之母」，皆是此意，觀者詳之。[28]

「我之所以獨自不同於人的地方，是甚麼呢？不過是以食母為貴而已。因『無名天地之始，有名萬物之母』，萬物的母炁，即是先天之始炁，一而為二，二而為一的。人都得到它而有所生，但卻以智慧巧利把渾沌鑿開竅穴，能夠保存它的人很少。聖人就知道母炁之在人，乃是我生出身體、生命立足的根本，而不可以一刻失去。於是無欲觀妙、有欲觀徼於同類有情眾生之中，而竊取他們互藏的精，以為性命之宗主，護養它、蘊藏它、食用它、品味它，則見母道之味深長，而世俗之味自會放下，世俗之學又怎會足以擾亂我的心念呢？『食母』二字，老子平生學問，於此全部揭露。書中『食母』、『守母』、『有國之母』，都是這個意思，觀者可以參詳它。」如這裡所說，食母是食於先天一炁。先天一炁是天地萬物的本源，生命皆本於它，但一般人因心知向外馳逐，生命紛馳耗散，不能好好保持護養。聖人反其道而行，但能夠收斂精神，攝取於內，回歸純粹意識，與道合一，而保持生命之本，採取先天一炁。關於採取先天一炁，黃元吉說：

> 蓋凡人紛馳於外，失其本來之天；聖人涵養於中，保其固有之性。聖異於凡，皆由後天以返於先天故耳。夫後天為情，子氣也；先天為性，母氣也。由情以歸性，一如子之戀母，依依

28 陸潛虛真人，《方壺外史》（臺北：自由出版社，2018年），頁304-305。

不舍，故曰：貴求食於母。孟子云：「學問之道無他，求其放心而已矣。」聖狂之分，只在一念，道豈遠乎哉？術豈多乎哉？人欲修道，不於沖漠無朕之際求之，又從何處用功？故曰：「玄牝玄牝真玄牝，不在心兮不在腎。窮取生身受氣初，莫怪天機都洩盡。」生身之初，究何有乎？於此思之，道過半矣。[29]

「因凡人精神紛馳於外，失去他本來的天性；聖人涵養於心中，保持固有的天性。聖人不同於凡人，都是由後天返回先天的緣故而已。後天是情，是子氣；先天是性，是母氣。由後天之情而回歸先天之性，就如兒女之戀慕母親，依依不捨，故此說：貴求食於母。孟子說：『學問之道沒有其他，只是求回放失了的本心而已。』聖狂的分別，只在於一念，道豈會是玄遠呢？術豈會是繁多呢？人想修道，不於沖虛淡漠沒有朕兆之間求得，又從甚麼地方用功呢？故此說：『玄牝玄牝真玄牝，不在心兮不在腎。窮取生身受氣初，莫怪天機都洩盡。』生身的本初，究竟有些甚麼？於此思考它，可以領悟大半了。」先天之性是體，後天之情是用，食母就是由後天返於先天，由向外紛馳而歸於收攝內斂，由有返無，歸於虛靜無為。就在生身之初，採取先天一炁，即是回到渾沌惚恍，歸於純粹意識，先天一炁自然不採自採。

29 黃元吉，《道德經註釋》（北京：中華書局，2019年），頁85。

筆者曾拜讀婁大真人降乩注解的《太上玉清無極總真文昌大洞仙經》，並從婁大真人「君火得令，相火逃形」一句，得悟心念歸一，便能採取先天一炁的工夫，於是呈詩一首，述說所悟：

天地渾沌，七日復來，坐聽生機，藥生當採。玄關一竅，乾元不改，金性不滅，不善非才。有無之間，天門洞開。

婁大真人下光賜語：

不生不滅，無我無他。玄明一炁，自己當家。

「玄明」即筆者的道號，這不生不滅，不分我他的先天一炁，還須自生身受氣之初認取，要回到混一的境界，才能採取。因此須要自己作主當家。此詩適宜與老子「食母」之語互相參詳。

23

夫唯嗇，是謂早服

丹道即是先天一炁，天地萬物皆由此先天一炁而生。人之原始生命力量，即愛欲的驅力，都由先天一炁而來。丹道家以離卦比喻心火，火向上炎，正如自性之光寄於雙目，不斷向外耗散；他們又以坎卦比喻腎水，水往下流，就如腎精因性欲的刺激，日漸消耗殆盡。丹道之要，就在於把心火腎水往內收攝，使火不炎上，水不下流，達到水火上下顛倒，至於水火既濟的境界。然而，最重要的還是歸於虛靜，毫不造作，處於完全被動的狀態，如此才能採取先天一炁。人的形軀會死亡，死後或有餘氣未散，丹道家認為眾生若能修持，採取先天一炁，即能長生久視，位列仙班。人之始生，本是純陽之身，及至元氣日漸消耗，於是人由陽至於陰，陽氣耗盡，即是死亡，甚至魂飛魄散。丹道就是回陽之術，旨在教人回復純陽之體。若要回復純陽之體，就不能靠人的主動作為，卻要被動無為，先天一炁自然不採而採。因此，丹道旨要全在於一「靜」字。若能知安守虛無，不動形神，自能食母，食於先天一炁。此是無為法。有為法卻是輔助。須知要達至虛靜之境，就必須去掉身體上的障礙，使氣定神閒。丹道家有移爐換鼎的補虧之術，這是一種善巧方便，但做起來卻有一定的危險。不同的流派，對於有為無為之間，雖有相異的見解，但總以無為法為必要且最後圓滿的一步。成聖之道，即達到人生圓滿的境界，就在於與道合一，入於不生不滅，食於母道，以致能夠死而不亡。關於食母的工夫，老子就提到收攝精神，以致返於虛無，帛書上說：

> 治人事天莫若嗇，夫唯嗇，是以早服，早服是謂重積德。重積德則无不克，无不克則莫知其極。莫知其極，可以有國。有國之母，可以長久。是謂深根固柢，長生久視之道也。

「嗇」即是節約儉省的意思，治人對外，事天向內，不論對外或向內，都要愛惜精神，不使流蕩無歸。這就如財主儉省錢財，不輕易動用精神，把心知欲望一併收攝，使心腎互不分離，混而為一。至於，老子說「嗇」就叫做「早服」，回到天地之始謂之「早」，拳拳服膺謂之「服」。「早服」就是收攝精神，至於一念不動，回到太初虛無的意思。這就是有得於母道，就是「重積德」。有得於道是歸體，歸體而後起用，就是「无不克」，即無所不能。「莫知其極」即是起用而不知其窮極。於是「可以有國」，可以為百姓做事，治理國家。起用不離於母道，而常能食於先天一炁，便可以長久。這又叫做「深根固柢」，有如大樹扎根深入大地，盡得地氣，這就能入於不生不滅，便是長生久視的方法。關於「早服」，宋常星解釋：

> 預先行持而不輟，謂之「早」；身心佩服，須臾不離，謂之「服」。切思物欲未萌之先，天命之性，本自純全，本無欠少。若不存誠養志，力行進修之工，恐其念後接續，少有人欲之

私，感物而妄動，則天德之明體，未有不汙壞者也。所以嗇養之功，即是早服之先機，積德之大本也。養之於此，乃是精神全備之初也；修之於此，正是物欲未萌之先也。[30]

早服即是在心念欲望未發之先下手，保持心性的澄明，不被人欲妄念所污染。這有如《中庸》所言，從「喜怒哀樂未發」之「中」做誠敬工夫，發明誠體。這便是嗇養精神，向內反溯的工夫。宋常星繼續說：

人能從此處，預先下手，時時佩服，而養深積厚，刻刻潛心，而造道入德，則天地之全德，未嘗不與我渾融而無間者也；人心之至理，未嘗不與我具足而圓明者也。[31]

若能早服，如此下工夫，即能食於母道，而有得於身，這便是「造道入德」。德，即是有得於道。有得於道，即是與道合一的效果，於是能夠採取先天一炁，而「未嘗不與我渾融而無間」、「未嘗不與我具足而圓明」了。這便是成聖之道。宋常星又說：

是故物欲未萌之先，雖宜嗇養，精神全備之初，雖當早服；但非一日之存養，便可治人，暫時之早服，即可事天，必須愈養愈深，愈積愈厚。損一分人事之妄，即全一分道性之真；去

30 宋常星，《道德經講義》（臺北：東大圖書公司，2019年），頁264。
31 同上。

十分物欲之私，必增十分天德之明。積之日久，天德日新，天理日固，身備萬物之造化，心含天地之精英，不待思勉，無往而非治人之大道，無往而非事天之至理也。[32]

這裡指出早服的存養工夫，須深蓄厚養，日久積累，不能一暴十寒。若要達到純陽之體，即不能只行一朝一夕之工。因此之故，時時處處，念茲在茲，而常食於母道。若能如此，則道全德備，金仙指日可成。

總括而言，老子以母親來比喻我們的生命之源，生命含具愛欲，於是生命與精神不斷耗散。也只有反其道而行，向內收攝，至於未發之先，從虛無之體上下工夫，如此就能食於先天一炁。所謂母道，不是抽象地說哲學上的本體，而是具體地從自身上領略生命意志，並向後回溯，至於生命原初的先天一炁。老子所說的「復守其母」、「食母」和「有國之母」，都教人以回歸之道，回復生命的原初狀態。這是有別於分析「道」的概念，而得出「無名」、「有物混成」、「混而為一」等概念，而成分析命題，卻是針對「有名，萬物之母也」，講論對於道的宇宙論領略，為有具體內容的、可印證的綜合命題。在下一章，我們將更深入談論母道，而講論「玄牝」。

32 同上，頁 264-265。

七、玄牝

老子既以母親比喻道，母親之為母親，又以她的生殖能力為本。因此，老子提到女性的生殖器，叫做「牝」。人皆由母親所生，母親懷胎，於是由牝產下嬰兒。我們皆來自宇宙，皆來自神秘的生殖器，又叫作「玄牝」，我們皆是宇宙之子。我們由玄牝所生，於是稟受了玄牝所賦予的生命。我們從自身的生命意志，領略道的作用，於是老子就人所稟承的愛欲，反說我們生於玄牝。老子之所以如此比喻，並不是無緣無故的，這大概是因為老子從自身的性愛驅力，並從對於眾生的生育情況，領略到宇宙為愛欲的力量所籠罩。印度傳統叫這種力量做「摩耶」，摩耶即有虛幻的意思，它彷彿為宇宙實相蒙上面紗。也只有擺脫愛欲，揭開摩耶，人才能證見宇宙實相。反之，中國人認為陰陽就是道，愛欲本非虛幻，性愛亦非污穢，人須就自身的生命意志去領略生生不息的天道。中國哲學對於生命，乃至愛欲，皆正面看待，因此禁欲苦行不成為中國宗教哲學的主流。至於老子教人虛靜工夫，亦只說「寡欲」，寡欲是為了不使生命力量過分向外耗散，以致流蕩無歸。老子肯定人的愛欲，肯定性愛，甚至以女性的生殖器比喻道的作用。性愛不但不是罪惡，而且有神聖的一面。因此，利用性愛力量來修道的，如道家的房中術，皆可以這種觀點來理解。就算是《金瓶梅》以描寫性愛場面為能事，書中亦多次提到小說女角「澡牝」，將生殖器洗滌乾淨，不使人產生污穢的聯想，相信這是小說家刻意所作的藝術技巧。牟宗三說《金瓶梅》屬大乘境界，看來小說就是教人即於愛欲之身而得解脫，而不是如小乘所示的灰身斷滅。中國大乘佛教尚且如此，何況本來的道家哲學？老子能正視性愛，視愛欲為宇宙的原始動力。老子對於道的宇宙論領略，就是愛欲。「道是無名」是分析命題，而「道的作用見於愛欲」是就「有名」的一面講，是綜合命題。分析命題是概念分析，綜合命題是經驗述句，其對錯有待於經驗觀察。當然，這裡所提到的「經驗」不限於感官經驗，而可包括道德、美感、宗教方面等經驗。

關於「玄牝」，老子說：

谷神不死，是謂玄牝。玄牝之門，是謂天地之根。緜緜呵若存，用之不勤。

「谷」是指山谷，中間虛空，但山谷仍是有形之物；「神」就是指虛靈妙用；有形就有生滅成壞，虛靈則不滅不亡，所以說是「不死」。這不死的谷神，就是「玄牝」。玄牝虛靈不滅，「玄牝之門」就是玄牝的出口門戶，生出陰陽。這就如《易經》上說，乾坤是易之門戶一樣。玄牝虛靈，屬於本體；玄牝之門比喻道之作用，是天地萬物的根本，因此又叫作「天地之根」。玄牝虛空，說它不存在，它又好像存在，所以老子說：「緜緜呵若存」；玄牝之門生出天地萬物，而沒有窮盡，因此說是「用之不勤」。「勤」當作窮盡解釋。

關於這一章，呂吉甫注解：

谷，有形者也。以得一，故虛而能盈。神，無形者也，以得一，故寂而能靈。人也能守中而得一，則有形之身可使虛而如谷，無形之心可使寂而如神，則有形與無形合而不死矣。古之人以體合於心，心合於氣，氣合於神，神合於無，其說是也。合則不死，不死則不生，不生者能生生，是之謂玄牝。玄者，有無之合。牝者，能生者也。故曰「谷神不死，是謂玄牝」。道之生天地由此而已，故曰「玄牝之門，是謂天地根」。以為亡邪，則綿綿而未嘗絕；以為存邪，則惡覩其存哉？若存而已。若亡而非絕，若存而非存，則吾之用之存之，無所容心，脗合而已，何勤之有哉？[33]

「谷，是有形的東西。而得到混一的道，因此虛空而能盈滿。神，是無形的東西，而得到混一的道，因此寂靜而能靈動。人也能夠守著中虛而得到混一的道，則有形的身軀可以使空虛如谷，無形的心靈可以使寂靜如神，則有形與無形結合而不死了。古人以身合於心，心合於氣，氣合於神，神合於無，他的說法是對的。合則不死，不死則不生，不生的能夠生生，這就叫做『玄牝』。玄，是有無合一。牝，是能生產的東西。因此說『谷神不死，是謂玄牝』。道之生天地都是由於這緣故，因此說『玄牝之門，是謂天地根』。以為它不

33 焦竑，《老子翼》（上海：華東師範大學出版社，2011 年），頁 16。

存在，則又綿綿而未曾斷絕；以為它存在，則怎能看見它存在？好似存在而已。好似不存在而不是斷絕，好似存在而不存在，則我去用它存它，沒有用心，剛好和諧符合而已，怎會有所勤勞呢？」其中提到有形與無形合一可以不死，筆者相信身體有生有滅，只有先天一炁，才能夠不滅，所謂長生久視之法，不在於修煉形軀，而在於修先天一炁。至於呂吉甫提到「神合於無」，這相當於丹道家所謂的「煉神還虛」。也只有心神回歸虛靜，才能採取先天一炁。人要得以接通天地的根源，就在於虛靜的工夫。玄牝之門之所以能生生不息，就在於玄牝的虛靈不滅。正如人稟受愛欲，生命向外耗散，因此要作內省後返的工夫，回復先天之體，這樣才能與道合一。只有與道合一，接通宇宙的根源，才可證入不生不滅，並能從源頭上補充生命的消耗，採取先天一炁，回復純陽之體，立地證仙。

老子說玄牝是天地之根，表示他親證愛欲的力量。只有從自身生命親證愛欲的驅力，才會把天地之根領略為玄牝。老子不視性愛為罪惡污穢，而只教人寡欲，不陷溺於愛欲。如果人能夠做到不陷溺愛欲，甚至做向後返回的工夫，達到虛靜的境界，他就能體會「谷神不死」。谷神不死，就是玄牝，可見老子領略愛欲之餘，更重視回歸之道。只要精神不隨著愛欲流蕩耗散，並將之收攝回來，歸於混一，就能夠體會玄牝的境界。

25 天下之交也，牝恒以靜勝牡

老子以玄牝比喻天地萬物的根源，玄牝之為玄牝，就是其本身虛空如谷，而玄牝之門，生陰生陽，能生出天下萬物。老子從男女性愛之事，領略到道在宇宙論上的作用。他的領會也十分平實，只因性愛之事，平常百姓家家戶戶都在做，而產母生子，亦是天下間尋常不過的事情了。人能從自身的愛欲，領略列祖列宗的生命愛欲，也因為稟受了愛欲，人才得以繁衍下去。叔本華指出，人為了性愛的短暫歡愉，而承受長期的痛苦，包括性欲的煎熬；人甚至為了性愛，而犧牲健康、財富或其他重要的東西，這都可見生命意志的力量。康德說我們只能認識現象界，我們的眼、耳、鼻、舌、身只能感受雜多的刺激，而產生經驗，我們永不能越過經驗，而認識物自身。叔本華不但指出物自身的觀念根據充足理由律而被提出，也是我們的知性所及，而且人的物自身就是生命意志，人的本質就是盲目衝動，理性在大多數時候不過為欲望服務，這是我們可以內省自證的。如果我們要了解宇宙的本體，就須從自身的本質入手。從人的生命意志，我們可以了解宇宙意志。這就有如老子從自身生命的驅力，體會到玄牝。一方面，我們為愛欲所驅動，生命向外紛馳；另一方面，當我們把精神收攝回來，達至虛靜之境，就能體會到玄牝虛空如谷，靈活如神。因此，人要做虛靜的工夫，就要效法玄牝之處於靜、處於下。聖人之治國，亦當效法玄牝，帛書上說：

> 大邦者，下流也，天下之牝。天下之交也，牝恒以靜勝牡。為其靜也，故宜為下。

「邦」在通行本中作「國」字，只因漢初避高祖諱。另外，通行本中「天下之交」一句，在「天下之牝」之前。如此行文，一般不能作善解，現在根據帛書作前後調動，則能夠在義理上疏通。大邦如水向下流，善處卑下的位置，就如天下之牝。天下的外交，就有如男女交合，牝牡分別指女性及男性的生殖器。在性愛之事中，女性多處於下位，被動地接受男性的動作施予，而令男性俯首稱臣。因為女性的牝處於被動的靜態，故此適宜處在下位。由此可見，老子談聖人之道，亦巧用性愛之事作比喻。一般人議論時滿口性事，不免陳俗，而受文化薰陶的讀書人，則避談性愛，一副不食人間煙火的模樣，但於老子口中，這種性愛比喻就似珠玉寶石的點綴，令他的言論閃閃生輝。聖人安邦治國，適宜謙下自處，老子繼續說：

> 大邦以下小邦，則取小邦；小邦以下大邦，則取於大邦。故或下以取，或下而取。

「大邦以謙下對待小邦，則會取得小邦歸附；小邦以謙下事奉大邦，則能取得大邦容納。因此，或者謙下取得歸附，或者謙下取得容納。」所謂處於謙下，不但在於退讓，更在於被動，不作主動。聖人修道，處於虛靜，就在於被動容受一切。《清靜經》上說：「人能常清靜，天地悉皆歸。」這是指人能修清靜之道，就能食於天下之母，採取先天一炁。所謂採取先天一炁，不在於主動採取，而在於平息一切作為，回歸虛靜，處於被動，先天一炁自然不採自採。老子以這種玄牝之道，來說大邦謙下對待小邦，以及小邦謙下事奉大邦。當然，這是就理想的情況來說。就大邦來說，它不主動妄作，小邦也不敢妄為；就小邦來說，它也不好妄為，若大邦妄為，小邦也只好順從自然之道，讓大邦在妄為之中被淘汰；若天下無事，那就是老子心中的理想狀態了。老子固然是針對春秋末年戰亂頻仍的情況而說。有說《老子》一書是寫給周室的王者看的，這種說法也不無道理。只是原來的目標讀者是王者，不表示一般人不能從這本書中吸取教訓，尤其是老子提到天下之牝，以虛靜自處的道理。因此，我們也能將老子視為一部哲學書，甚至是修道指南來看，正如不少全真道人從中看出丹道大要一樣。老子又說：

故大邦者，不過欲兼畜人；小邦者，不過欲入事人。夫皆得其所欲，大者宜為下。

「因此作為大邦，不過是想兼而畜養小邦；作為小邦，不過想入而事奉大邦。若想兩者皆遂其所願，大者適宜謙下自處。」這裡可以看出老子以無事治理天下的理想，天下本無事，治國者亦不好惹是生非。然而，有人的地方就會生出是非，但正如李天命老師所說：「有病要醫治，無事不開刀。」如果天下不出問題，我們就不要強作而反生問題了。

總括而言，老子所說的玄牝，是天地萬物的根本，它虛空如谷，靈活如神，而玄牝之門能生出天地萬物。老子以性愛作譬喻，指出修道之人，應當回歸虛靜，就如玄牝之處於被動，因而處於下位。聖人安邦治國，亦應以清靜無為，以無事治理天下。老子不但以母親比喻大道，而且直指女性的生殖器，提出「玄牝」，可見老子不以性愛為污穢罪惡，如宗教家之所為，亦不像一般讀書人以性為恥，而是活潑潑地以此來教人體會天地之根。老子的智慧不但博大精深，而且平易近人，每次讀《老子》書，往往使人有新的體會與領略。至於有學者將老子所說的「牝」字，解作母畜，雖然也不會偏離老子的母道，但卻失去了不少精深的意思了。

八、妙

故恒无欲也，以觀其妙

男人聚在一起，常常會談到女性，甚至會對身邊的女人品評一番。老子以男性的角度，對於道也像女性一樣，品評一番。他說道就像少女一樣美好。老子說道是妙的，「妙」就是有如少女的美好。關於少女的美好，男人都知道，她們青春美麗，生機盎然，男人看少女，就是看她們的意態美好，看得他們都好像回到少年時期一樣。男人看少女，總看到無限的可能性：少女會成熟，並嫁作人婦，然後生兒育女，成為人母；然而，她還未成為人婦，可能性就潛藏在她們身上。尼采說，女人就像個謎，而答案就在於懷孕。謎是玄妙的，令人看不清，使人為之傾倒，男人都想解答這個謎，但老子說，我們不好太快解開謎底，就觀看道的美好，讓少女保持她的青春。帛書上說：

故恒无欲也，以觀其妙。

「因此恆久沒有愛欲去看，看道如少女的美好。」男人多受愛欲驅動，如男人不受愛欲影響，能夠虛靜下來，就能看見事物的純粹一面。這就像藝術家抱持觀賞的態度，與所觀賞的事物保持距離，不求黏合佔有。老子觀道，也是如此，就是以純粹審美的眼光，不帶佔有欲，觀看少女的美好。無欲，亦即是回到愛欲發動之先，欲念不起，去觀賞少女的青春美麗，這是比喻回到無名之樸的狀態。也就是觀看少女的美好，以無的智慧，看到道也是如此具有無限可能性，蘊而不發。道之為道，就如神秘的少女，就是玄妙。一方面，人稟受虛靈的心，只要人心虛靜下來，就能返回虛靈的心境，觀看道的玄妙。這有待人從愛欲的流水中，退居止息的岸上，不受熱望驅使，回到純粹意識，看到世界清靜的一面，甚至向後返，看到事物未生之初，一切可能性就潛藏於此，就如樸之於器。樸能雕琢成器，至於大器，就免於成物。大器是指道，有如樸，亦有如少女，蘊藏無限可能。哲學上將可能性分為技術上的可能性、經驗上的可能性及邏輯上的可能性，技術上能做到的就叫做「技術上可能的」，而合於自然律的事情就叫做「經驗上可能的」，至於不違反邏輯律的情態就叫做「邏輯上可能的」。這個器世間有一定的自然律，事物皆須合乎經驗上的可能性。我們怎知大道不會另生一器世間，有著不同的自然律呢？這都是邏輯上可能的事情。大道蘊藏無限可能性，無名之樸與美好的少女，就是老子用來比喻無限可能性之全。這只待人從愛欲的驅動，向後返於無欲，回到欲念未發之先，就能歸於天地之始的無名，觀於道妙，看見道如少女的美好。至於人稟受愛欲，他們的心知也為熱望而服務，於是向前追求佔有。帛書上說：

恒有欲也，以觀其所徼。

「因此以抱持愛欲的觀點看，就可以來觀看對於事物的要求。」關於「徼」，王弼解作「歸終」，焦竑解作「物之盡處」，蔣錫昌解作「要求」：

《說文》：「徼，循也。」段注：「引伸為徼求。」左氏文二年傳：「寡君願徼於周公魯公。」注：「徼，要也。」《漢書・嚴安傳》「民離本而徼末矣」，師古注：「徼，要求也。」此指有名時期人類極端發展其佔有慾之要求而言。下「其」字為「有名」之代名詞。「常無欲，以觀其妙」，謂常以無欲觀無名時期大道之微妙也。「常有欲，以觀其徼」，謂常以有欲觀有名時期人類之要求也。[34]

又：

故《老子》之「常無欲，以觀其妙」，欲使人知無欲之為妙道，而迫於虛無也；「常有欲，以觀其徼」，欲使人知有欲要求之危險，而行無欲以免之也。[35]

這裡蔣錫昌將老子所說的「無欲」與「有欲」實化為人類歷史的兩個時期，我們大可不必跟從，而可將無欲與有欲視為人心的兩種狀態。無欲的時候，我們觀看道之無名，這

34 高明，《帛書老子校注》（北京：中華書局，2020 年），頁 319。

35 同上，頁 319-320。

是相應於虛靜的心境來說。有欲的時候，我們看自己的佔有欲望，這是相應於愛欲而言。一方面，我們作後返的工夫，回到天地之始，觀看道之無名；另一方面，我們又向前看，就作成的萬物之母，觀看道之有名。其中關鍵，即在有欲與無欲。

無欲，就能回到純粹意識，不摻雜一絲欲念，觀看道有如少女一般，蓄而不發，蘊含一切可能性。有欲，就是受到愛欲驅動，向前認識與佔有，於此能夠體會宇宙意志，天地萬物皆受它的驅馳，而以道為天地之母，一切皆出於玄牝之門。這就是以無欲的心境，體會道之無名，以及從自身的愛欲，領略道之有名。前者是道之本體，後者是道之作用。一是向後返，一是向前看。道既有無名的一面，是本體論的，也有有名的一面，為宇宙論的。道既是神秘的少女，含具一切可能性，為創造之源，又是天下之母，實現一切可能性，為實現具體之物的原理。

老子以少女的美好來說道，一如他以母親來說道，於是老子論道有兩個體段：一是含蘊無限可能性的妙，另一是實現具體之物的天下之母。一是作為本體，一是作為作用。從概念分析上說，有體有用，有「無」有「有」，有「妙」有「母」。然而，從實證的觀點上說，即體即用，即無即有，即妙即母，既是含具無限，又能具體作用，是謂「無限妙用」。妙之為妙，必須見於妙用；正如無限之體之為無限，也必須見於妙用。

老子看現實上的眾多少女，燕瘦環肥，任君欣賞，讚嘆之餘，又想到這些少女皆來自於一不可知的根源，而這就是道。老子之寫少女，來體會原初的道，的確是帶著男人的眼光。《老子》一書，也可以說是男人說給男人聽的女人經。一方面，廣大的男人都喜歡看女人，尤其是少女，因此老子就以少女作譬喻；另一方面，男人都會對自己的母親感恩戴德，因此老子又說母道。老子在本體論的體會上，雖說道是無名，但在宇宙論的領略上，卻指出了道之有名，說「妙」說「母」，皆是相對而言，都是就道的不同體段來說。可以推想，《老子》一書之所以受到歡迎，並廣為流傳，是因為它迎合大眾心理，用語親切，比喻巧妙；只是後人學問作多了，把《老子》奉為經書，竟然研究起來，雖然這樣可以使人了解它的章句，但是卻使這本書失去了直接性，又令它的光芒黯淡起來。老子除了做清靜無為的工夫外，就和常人一樣，具備七情六欲，只是老子能從中體會道的作用而已。老子不以愛欲為罪惡煩惱的根源，反而視愛欲為正面的。他知道男人好色，就跟人說少女美好；他明白一般人關注性愛，就跟讀者探討玄牝之道。此等種種，又非後世學者所能暢所欲言的了。讀《老子》就要了解它的生動活潑之處。一般人在同輩朋友之間，還會談論性愛，毫無拘束，但一旦年紀大了，地位日高，就連黃色笑話也不敢跟後輩提到了。這使筆者想到李天命老師對於自己的隱私，並不秘密匿藏，而與筆者暢論。他又授予後輩小生有關男女之道的「絕招」。雖然在學問上筆者與李老師走的是不同的路，但彼此卻是脫略形骸的性情之交。筆者甚至見年輕後輩以此取笑於李老師，李老師以七十多歲的長者，亦不以為忤，這使我輩中人甚為感念。老子對於愛欲，亦帶這種幽默感。老子就是從自身的愛欲，領略到宇宙意志。但他又不是一味放任，而教人把愛欲看淡一點，提倡寡欲，好令人體會到道的虛靜一面。

老子對於人的愛欲，不壓抑，不扭曲，亦不放縱，而是恰到好處，教人愛惜精神。然而，他又不是從根本上禁絕愛欲。愛欲是一種人生而俱有的原始力量，阻擋也阻擋不了。有人視性愛為洪水猛獸，如宗教家要禁絕愛欲，並以地獄之報來恫嚇青年，這甚為不健康。僧侶之以終身貞潔，來奉獻於神，其志雖然可嘉，然而這卻於身心有損，亦使人懷疑他們有多少能對人誠實之處。若宗教哲學家不能正視愛欲，這確是他們的一大缺點。愛欲是人生重要的部分，如果哲學竟不能予以正視，那麼它便不是健全的哲學。中國的聖哲，無論孔子，還是老子，都能暢言愛欲，而不失品格風度。他們的思想也不會因為談性論愛而失去色彩，如一般腐儒、陋儒所認為的。老子大談無欲之妙，與有欲之徼，於是他總結說：

兩者同出，異名同謂，玄之又玄，眾妙之門。

關於老子所說的「兩者」，有人說是「無名」與「有名」，有人說是「無欲」與「有欲」，但都不及王弼說的平易親切，他說：

> 兩者，始與母也。同出者，同出於元也。異名，所施不可同也。在首則謂之始，在終則謂之母。元者，冥也，默然無有也。始母之所出也，不可得而名，故不可言同名曰元，而言謂之元者，取於不可得而謂之然也。謂之然則不可以定乎一元而已，則是名則失之遠矣。故曰：元之又元也，眾妙皆從同而出，故曰：眾妙之門也。[36]

兩者是指天地之始與萬物之母，是道之不同體段。「始」是少女之初，亦即是妙。無欲能觀道之妙，有欲則能觀於母道。因此，王弼說在首就謂之「始」，在終則謂之「母」，在始就為少女，在終就成為天下之母。至於「元」，是「玄」的借字。玄本指水深不可見，呈一片漆黑，後來解作神秘奧密。始與母同出於神秘奧密的大道，而老子謂之為「玄」。「始」與「母」皆是名，都是老子對於道的宇宙論體會，而玄是指不可認識，把一切名相拉下來，所以是遮詮，亦即是負的方法。因此之故，「始」與「母」是異名，「玄」不叫作名，而叫作「謂」。這就有如「字之曰道」，「道」不是名，而是字。關於名、謂與字，老子有十分微妙的分別，這於讀《老子》的人，不可不知。道不可定於一玄，「玄」亦須

36 王弼，《老子道德經注》（臺北：世界書局，1996年），頁1。

以負的方法來否定，使人不執之為實體，而說「玄之又玄」。美好的少女們，皆由此道而出，因此說是「眾妙之門」。

總括而言，人稟受愛欲，因而從自身的生命意志，領略到天下之母，甚至更準確地說，是玄牝之道。人受生於玄牝，所以為愛欲所染，又因為其生命意志的影響，人所領略道於萬物的作用，亦籠罩著愛欲，一如印度傳統所謂的「摩耶」，只是老子不視天地萬物為虛幻的，而能正面看待愛欲。老子又教人作向後返的工夫，把愛欲看淡一點，就如男人看少女一樣，喜好而不必佔有。從這種不與愛欲黏合，不佔有對象，而生出的觀賞態度，就能觀看道之純粹一面。道蘊藏無限可能性，容納一切，蓄勢待發，就好像少女一樣。少女青春美麗，意態美好，她能長大成熟，嫁作人婦，生兒育女，成就家庭，成為人母。然而，就在她還未成為人母的時候，她閑適安靜，又活潑可愛，使人為之傾倒。道也是一樣，它保持自己的美好，永遠青春。在老子的心目中，道是永恆的女性，一如其他男人一樣，他愛慕女人，而崇拜女性。道就是如此神秘，又是如此奧妙，使人為之躊躇，又為之著迷。

九、大

老子分析「道」的概念，於是得出「無名」，這是就本體論的體會而言。但就對於道的宇宙論的領略來說，老子就強為之名，而說道之「有名」一面。前者是就本體之不是一物，不能以循名求實的態度來說，乃由「道」分析出「無名」，於是得到了關於「道」的分析命題。後者是就道在實存上體現於物，於是人可以從世事的運作，領略道的作用，並對道的實存有所命名，而生出綜合命題。在分析命題之中，前項與後項有必然關係，如在「道乃無名」中，「道」必然就蘊含「無名」之義，這是一概念判斷。至於綜合命題，大體而言，前項與後項沒有必然關係。如「水於攝氏零度則結冰」一句，其真假有待經驗觀察，不似分析命題透過概念分析便知真假；而且「水」與「於攝氏零度則結冰」沒有邏輯上的必然關係，我們不能透過分析前項而得出後項。對於天地萬物，我們可以有不同的領略，因而我們對於道的作用也可有不同的領略。比如我們可以從自身的愛欲，反溯其源，以至於玄牝，於是可將一切皆視為由母道的生殖器所生。「道是母道」、「道是玄牝之道」等命題，乃建立於後天的經驗觀察，而這並不限於感官經驗，而可以包括廣義的人生體驗。因此，具有不同人生體驗的人，可以對道作不同的命名，如不同的宗教哲學家的所為。就道之無名一面，那是對於「道」的概念分析，因而是各大宗教哲學的共法，這種無名的智慧並不限於老子一家。但就道的有名一面，《老子》一書中所談論的名，可說是一家之言了。老子說道是無名的，但強為之名，就是「大」、「逝」、「遠」和「反」。「大」就是老子對於道的首個命名。

關於道之大，帛書上說：

道氾呵，其可左右也。成功遂事而弗名有也。

有關這句，通行本一般寫作：

大道氾兮，其可左右。萬物恃之而生而不辭，功成不名有。

根據高明的考證，通行本「道」字前面那個「大」字，是後來加上去的。但筆者認為，就算是後來加上去的，也未必不合這句的原意，況且這種加法，確是精妙。關於「大道」一句，憨山大師說：

氾者，虛而無著之意。以道大無方，體虛而無繫著，故其應用無所不至。故曰其可左右。以體虛無物，故生物而不辭。以本無我，但任物自生。故生物功成而不名己有。[37]

37　憨山大師，《老子道德經憨山註　莊子內篇憨山註》（臺北：新文豐出版有限公司，2004 年），頁 94。

汜，就是泛濫、不受拘束之意，因此憨山大師說是「虛而無著」，就是虛空不著實的意思。道之為大，無一定的方所，本體虛空而沒有繫著束縛，故此道的應用遍於一切，無所不至。因此說「其可左右」。一般事物有所拘限，可左不可右，或可右不可左，所以不能成其為大。因為道體虛空沒有一物，所以能夠生物而不辭去。就以它本來無我，只是任由物各自生，因此大道生物成功而不名之為自己的所有。因為道本虛無，所以沒有一定的方所；就是因為道沒有一定的方所，所以能夠成就道的大。就老子對於道的宇宙論領略，道的第一個名就是「大」。老子又繼續說：

萬物歸焉而弗為主，則恒无欲也，可名於小。

萬物歸附而道不為天地之主，這就正如憨山大師所說，道乃無我，只是任由物各自生，因此道並不佔有功勞。至於後句恆常無欲，而可名於小，何以為「小」，則古注並無善解。其實老子談論「樸」的時候，曾說「樸雖小」，「小」是指道為樸的狀態，並且是不可見的「微」、不可聽的「希」、不可循的「夷」，故名為「小」。只有人恆常無欲，返回虛靜，才能回到純粹意識，體會到未琢之樸。這是名道為「小」。老子又名道為「大」，他說：

萬物歸焉而弗為主，可名於大。

萬物歸附而不自以為天地之主，以其無我，因此可以「大」來命名。對於這個「大」，老子接著解釋：

是以聖人之能成大也，以其不為大也，故能成大。

因此聖人能成為大，正是他不自以為大，所以能成為大。道之為大，正在於道不自以為有，亦不自以為大，因此能成就它的偉大。它不自以為大，因此它也能夠小，道能大能小，非大非小，正如其可左右，不執一邊。正由於道可大可小，它沒有一定的方所，不執於特定之「大」，這就是老子認為道是偉大的緣故了。

老子對於道的第一個命名就是「大」，只因老子從天地萬物之中，領略道的宇宙論體現，即是道之作用於天地萬物，並認為道是偉大的。道的偉大，不只在它能夠生出萬物，而更在於它不自恃，不自以為大，不固執己身，而能夠任由物各自生。大道之為大，就在於它沒有限定的作用，而妙用無方。它不但能生物，而且能放開一步，而能夠生生——開出萬物之自生。因為它以生生為德，所以是偉大的，而老子名之為「大」。

29

夫唯不肖，故能大

《老子》一書中，大凡前面加一「大」字來形容一種德行，後面都會作出反義的界定，比如「大直若屈，大巧若拙，大辯若訥」等。直就是不屈曲，但「大直若屈」；巧就是不笨拙，但「大巧若拙」；辯就是不木訥，但「大辯若訥」。又如前文提到的「大器免成」，作為器用，必須雕琢成一物，但大器卻反是。可見老子之用「大」字，有正言若反的意味，他所言的「大」，並非就是世俗所謂的大。真正的大，並不限於一定的相狀，故大無大相。老子心目中的偉大，不是流俗世間所稱許的「偉大」，大概當人人都稱頌偉大領袖，擁抱大時代的時候，老子卻不以為然，安守他的清靜無為。帛書上說：

> 天下皆謂我大，大而不肖。夫唯不肖，故能大。若肖，久矣其細也夫！

「天下都說我偉大，偉大而又不似。就是因為不似，才能夠成為偉大。如果肖似的話，長久就會變成細小了。」若然執於世俗所謂的偉大，如位高權重，但事過境遷，都會變得微不足道。歷史上多少偉大領袖能翻雲覆雨，興一時的熱浪，但千秋過後，不過成為了百姓茶餘飯後的談佐，甚至為識者所笑，變得微不足道。在通行本中，這章的首句是：

天下皆謂我道大，似不肖。

這裡有一個「道」字，如果這個字是後人加上去的，那也是加得非常精到。道的偉大，就如大海。一滴毒藥可以污染一杯水，但一瓶毒藥卻不足以污染大海。暴君能作惡一時，卻不能長久，大道最終會把污濁排除，保持自己的澄清。任你如何隻手遮天，總不能逃過歷史的淘汰。因此，表面上壞人常常得到勝利，但若深究下去，他們總有一天被拉倒。道不像世俗所重視的一時偉大，它平平無奇，有如不能興波作浪的平靜大海，這就是道偉大而又不似偉大的地方了。

老子繼續說：

我恒有三寶，持而寶之。一曰慈，二曰儉，三曰不敢為天下先。

「我常存三種寶貴的東西，持守而珍藏它們。一是慈，二是儉，三是不敢為天下先。」世俗都以為心狠手辣，制宰天下的領袖為偉大，老子卻認為是慈忍的人，才是真正偉大。唯其慈忍，故能容納，並放開一步，使物各自生，各遂其性。這種偉大正與柏拉圖的哲王之說，大異其趣。哲王能知道真理，因此被說成能為百姓打造理想國，人皆被安置在這種大規畫之下，各盡其職，於是成就哲王的鐵桶天下。這種偉大的學說影響甚深，甚至影響近代世界局勢，有多少災難都是來自這種妄作妄為的觀念的災害。人的一切痛苦，皆在這種大目的之下，被忽略漠視，而成為一大麻木不仁。為了達到歷史的大目的，為了實現真理，一切犧牲都在所不惜。至於老子所說的儉，不就等於一般的儉省，而是韜光內斂，不妄作妄為，因而不敢為天下之先。偽先知自以為窺探世界的奧秘，因而要作天下之先，賦予歷史進程的大目的，成其封閉系統，制宰天下。這是以學術殺天下人，而這正是老子所反對的。老子存其三寶，珍而重之，所以看上去便不夠偉大了。他的慈、儉及不敢為天下先，大而不肖。正因他的不肖，所以能成其大。老子繼續說：

> 夫慈，故能勇；儉，故能廣；不敢為天下先，故能為成器長。今捨其慈，且勇；捨其儉，且廣；捨其後，且先：則死矣。夫慈，以戰則勝，以守則固。天將建之，以慈垣之。

這是說慈，能包容天下，才能成就真正的勇；能夠儉樸，不出而宰割百姓，因此大道能廣；不敢為天下先，因此能成為百姓之長。「器」即是指這個器世間，「長」即君王官長。但若捨棄了慈，而存匹夫之勇；捨棄了儉，而廣推天下；捨棄後，而爭為天下之先：那便會陷入萬劫不復的死地！老子又作一譬喻，說持守慈忍，戰爭就能獲勝，防衛就能固守。天會令他立起來，以慈來衛護他。雖然在短暫的現實上，也許他會受傷害，甚至失敗，但在永恆的大道中，他還是會成功的。這裡且引述宋常星一段非常有意思的話：

譬如以天下之目，為己之目，無所不視；以天下之耳，為己之耳，無所不聽；以天下之口，為己之口，無所不言；以天下之心，為己之心，無所不正。[38]

這是說聖人不只以己身為身，忘己之身，而更能存其大身。這便是以道為我，大道讓物各自生，各遂其性，我就以天下萬物之生、之性，為己之生、之性。因此之故，縱然我的一時表現不夠偉大，甚至失敗，但如果我以大道自任，大道終會長存，而我也會從流逝進入永恆。

道的偉大，就在於它不自持偉大，不以它的偉大來扼殺天下。它偉大而不似偉大，正是由於它的不似，它才偉大。歷史上有多少偉大領袖，成就多少偉大事業，但從永恆的觀點看，都是微不足道，終將過去的。明白大道的人，不會只計較一時的利害，而迷於永恆之道。聖人更能放下一己之私，廓然大公，契合於道。大道就是天下萬物各行其道，自然而然，於是聖人之為君王官長，亦不自以為是，而是放開手來，讓天下人成就天下。人皆各行其道，皆有道路可走，是謂大道。大道之為大，就在於它不執於自身之大，因而能成就它真正的大。

38 宋常星，《道德經講義》（臺北：東大圖書公司，2019年），頁303。

執大象，天下往

所謂「現象」，「現」就是顯現，「象」就是事物的相狀，現象之為現象，在於事物對認識心顯現而為具體的相狀。雖然人的認識心，又可把事物象徵化而取象，如《易經》的「水雷屯」象徵「動乎險中」，其中水為險阻，而雷為動力，合之則為「艱屯」，如草木萌生，破地而出。所謂象，都對認識心而顯現事物的相狀，因而有認識主體與認識對象。主客對立乃是認識心的基本結構。對於認識對象，我們可以名狀，因而是「有名」。但現象之所以呈現，主客之所以一同起現，便是由於無形之道，我們無以名之，故謂之「無名」。關於「象」，老子又提到「無物之象」，這即不屬於經驗層面，而在經驗世界的事物之上，而為「大象」。老子又說：「大象無形。」正如我們前面提到，大凡老子於一事物之前加一「大」字，即有正言若反的意思。就字面的意思，「象」就是物的形相，但「大象」卻無形無物，不在經驗的層次中，而為天地萬物所由之道。由此觀之，舉凡老子談論「大」的地方，除了有詭辭為用的特點外，同時也是指道的體性而言。象有形相，但大象無形，大象即不是一般的「象」，它是萬象所由以生之道。關於「大象」，老子說：

執大象，天下往；往而不害，安平太。

「守著大象，天下就會歸往；歸往而不傷害，則安和通泰。」於此，王引之將「安」解作「於是」、「乃」或「則」。然而，關於「安平太」，宋常星有一種很有創意的解釋，他說：

> 人能執持大象之理，修之於身，齊之於家，治之於國，平之于天下，無一事不調理，無一物不純粹，心如空中之樓閣，四通八達，無往而非大象之圓機也。隨時順理，動靜合宜，無入而非大象之玅，則天下歸往於大象者眾矣。天下既已歸往於大象，所謂害之者未之有也。不害者，如不勞民，不失政，不聚斂，不黷武，皆是往而不害之義。既已往而不害，家國天下，自然安平泰，共樂雍熙之盛世也。是故執之於身，則身可安；執之於國，則國可泰；執之於天下，則天下可平矣！無所不安，無所不平，無所不泰者，皆是執大象，明驗之妙處也。[39]

這是就執大象者圓應無方，令天下歸附，而無所不安平泰。所謂「安平泰」，是指安身、泰國及平天下。如此，執大象者，亦為大人了。他之為大，乃不自以為大，而成其為大。他之為大，正在於他不執於己見，以把持天下，而是讓開一步，使物各自生，各遂其性。這是就「域中四大」中的王之大而言。關於王之大，我們在下一節會詳加討論。

老子又談及論道之言，平淡無味，他說：

39 宋常星，《道德經講義》（臺北：東大圖書公司，2019年），頁147-148。

樂與餌，過客止。故道之出言也，曰淡呵其无味也。

「雅樂與佳肴，能令過客停住下來。因此論道的發言，可說是淡而無味。」這是以世間的感官刺激，不論聽覺也好，味覺也好，能夠引起人的一時興趣，來對比道的平淡而恆久的特性。有些現象刺激人的感官，因此很能吸引人，但是道不是這些特殊的事物，大象使一切萬象得以顯然，而成現象，現象之為如此如此，皆由於道。是故大象平平，無有精奇，它只是讓天地萬物成為它自己。就好像白色之於眾色，眾色有奇彩，而白為素色，素能染上其他色彩，使它們成為可能。道於色似白，於味似甘淡，唯有甘淡才可帶出其他味道。這就如人們以粥養生，食出淡中真味。據陳修園《神農本草經讀》中說，脾虛者，強令食穀，則能夠畢補身體虛羸。五穀平淡無奇，人人皆食，而不知它的好處，只覺得它不如濃肥煎炸之物討人喜歡。有人說食粥能致神仙，看似誇張，但此說並非虛言。北宋張耒有〈粥記贈邠老〉：「張安定每晨起，食粥一大碗，空腹胃虛，穀氣便作，所補不細，又極柔膩，與臟腑相得，最為飲食之良。妙齊和尚說山中僧，每將旦一粥，其繫利害，如或不食，則終日覺臟腑燥渴，蓋能暢胃氣，生津液也。今勸人每日食粥，以為養生之要，必大笑。大抵養性命，求安樂，亦無深遠難知之事，正在寢食之間耳。」南宋陸遊得聞此說，於是寫了〈食粥〉一詩：「世人個個學長年，不悟長年在目前，我得宛丘平易法，只將食粥致神仙。」能夠食出淡中真味，就近於道了。關於「大象」，老子繼續說：

視之不足見也，聽之不足聞也，用之不可既也。

「視之不得見，聽之不得聞，用之不可既盡。」宋常星解說：

修道之人，果能於不覩不聞之中，執此大象，如鑑之明，如衡之平，萬法皆無，一法不立，此心之理，渾然無迹，天地萬物，都是我性中空明之境界。譬如「無名，天地之始」，此是靜而未發之大象。至于大用流行，應事應物，如輪之轉，似珠之圓，無一不從我心變化出來。譬如「有名，萬物之母」，此是動而應物之大象。執大象者，果能動靜如是，百用百當，萬用萬成，何既之有乎？[40]

「修道之人，果然能夠於不見不聞之中，執持此大象，如鏡之明，如橫木之平，萬法都去掉了，不建立一法，此心之理，渾然沒有痕迹，天地萬物，都是我本性中空明的境界。譬如『無名，天地之始』，這是寂靜而未發用的大象。至於大用流行，應接事物，如車輪之轉，似寶珠之圓，沒有一物不是從我心變化出來。譬如『有名，萬物之母』，這是發動而應接事物的大象。執持大象的人，如果能夠動靜都是如此，百次起用，百次恰當，萬次起用，萬次成功，又如何會窮盡呢？」這是說萬象的起現與歸寂，皆由於本心本性。而本心本性圓應無方，不可窮盡；大象亦不可窮盡。本心本性即是大象。

40 同上，頁 149。

大象不如一般現象，一般現象有形有相，大象無形，乃無物之象，大象即是道。道不是一物，而是使天地萬物之所以如此的根本。道沒有出奇的地方，而體現於物各自生，各遂其性。聖人執此大象，使天下太平，故此天下百姓都歸往於道。因此，老子說：「執大象，天下往。」

31

國中有四大，而王居一焉

牟宗三指老子的政治思想是一種自由主義，這是就君王不多作妄為，而效法大道，任物各自生，各遂其性，不塞其源，不禁其性來說。自由主義者可謂主張對百姓採取一種放任的態度，任由人民自己作為，追求自然順適的生活。這種放任的態度背後，可說是對人性抱持信任，信任人可自力更生，過自己理想的生活。然而，老子思想卻不是主張君王在政治上毫不作為，而只是主張不多作妄為，乃至對於百姓的多作妄為，擾亂天下，必加以制裁。因此，老子的政治哲學，也會贊成在技術層面上的施設，甚至建立制度，以保持人與人之間的活動空間，使人在其中伸縮自如。老子認為自由的價值，不在於自由自身，而在於指向道化的境界。老子以自然為最高價值，自然就是回歸於道，忘人忘我，最理想的社會就是大眾都能與道合一。但是百姓之是否與道合一，又不可勉強，君王只好放開一步，讓百姓自己努力。因此，君王自己體證大道，回歸純粹意識之餘，又善教人復通於道，而有種種政治舉措，以排除對於百姓的妨礙。君王之教人回歸於道，不是積極地加給百姓一些東西，而是以負的方法，從社會上排除一些不合理的情況。因此，老子心目中的偉大君王，亦不如世人所說的大有作為者，反而是在無聲無色之中消弭禍害，所以小不似偉大，而為大而不肖的人。老子將君王與道、天、地並列，而說其偉大，這是就君王之能體道而行道而言，他說：

道大，天大，地大，王亦大。國中有四大，而王居一焉。

「除了道是偉大，天是偉大，地是偉大之外，君王也是偉大的。邦國之中有四種偉大的東西，而君王佔據一個位置。」通行本「國中」作「域中」，而根據《說文解字》，「國」與「域」皆作「邦」字解，因此兩者皆意指邦國。這是說就一個邦國來說，有四種偉大的東西。道生天地，是萬物的根源，固然偉大；天高明而地博厚，百姓皆賴以為生，所以天地也都偉大。至於老子心目中的君王，就能夠做到無私包容，正如《老子》中提到「容乃公，公乃王」，因此君王也是偉大的。君王不但能體證大道，而且能夠立人倫之極，使百姓不失常道，或至少生活自由，所以國中之四大，王佔了一個位置。關於這一點，宋常星解釋：

道既為萬物之根，故言道大；又言天大，地大，王亦大者，何也？詳究天地聖王，雖然都在大道之中，不能出大道之外，然天之高遠，亦不為小矣；地之博厚，亦不為小矣；聖王之繼天立極，亦不為小矣。高遠者，未嘗不是道；博厚者，未嘗不是道；繼天立極者，亦未嘗不是道。繼者，續也，繼續天地大道，以治天下，立極是立人倫至理之極，以教天下，所以聖王盡天之道，盡地之道，盡人之道，便是與道為一。天地王，同一其道，王豈不大乎？故曰：天大，地大，王亦大，域中有四大，而王居其一焉。[41]

「道既然是萬物的根本，因此說道大；又說天大，地大，王亦大，這是為甚麼呢？仔細參究天地聖王，雖然都在大道之中，不能超出大道之外，但是天的高遠，都不算小了；地的博厚，都不算小了；聖王的繼天立極，都不算小了。高遠者，未嘗不是道；博厚者，未嘗不是道；繼天立極者，未嘗不是道。繼，就是續，繼續天地的大道，以治理天下，立極是立人倫至理的標準，以教化天下的人，所以聖王盡天之道，盡地之道，盡人之道，便是與道為一。天地王，他們的道都是同一的，王豈不是偉大嗎？因此說：天大，地大，王亦大，邦國中有四大，而王佔了其中一位。」雖然表面看來，道包藏天地，天地覆載人類，人看似渺小，但也只有人具有心性，可以知道、體道、行道。道的偉大，天地的偉大，也只有相對人心來說，才有所謂偉大。若然沒有人心，也沒有東西意識道的偉大，天地的偉大也無從得知。人心照明天地，體證大道，因此大道與天地，皆在人心之中。這可見人的偉大。而人之中，又以治理百姓，使萬民得以見道的聖王，最為偉大。由是觀之，人能見道修道，至為重要。《老子》一書，論道再多，也不過是教人修道工夫。有關這點，黃元吉說：

41　宋常星，《道德經講義》（臺北：東大圖書公司，2019年），頁102。

學人欲修至道，漫言自然，務須凝神調息。凝神則神不紛馳，人之心正，即天地之心亦正；調息則息不乖舛，人之氣順，即天地之氣亦順。參贊乾坤，經綸天地，功豈多乎哉？只在一心一身之間，咫尺呼吸而已矣。《中庸》云「致中和，天地位，萬物育」，其即此歟？人果時時存心，刻刻養氣，除饑時食飯、困時打眠之外，隨時隨處，常常覺炤，不許一念游移，一息間斷，方免疾病之虞。否則，稍縱即逝，外邪得以擾之，正氣不存，邪氣易入，有必然者。古云，「人能一念不起，片欲不生，天地莫能窺其隱，鬼神不能測其機」，洵非誣也。人謂築基乃可長生，那知學道人就未築基，只要神氣常常紐成一團，毫不分散，則鬼神無從追魂攝魄，我命由我不由天也。吾不惜洩漏之咎，後之學者，苟不炤此修持，則無以對我焉。[42]

「學人想修至上之道，隨意而說自然，一定要凝神調息。凝神則神不紛亂馳逐，人之心得以平止，即天地之心也得以平正；調息則息不乖張舛錯，人之氣得以安順，即天地之氣亦得以安順。參與謀畫乾坤，治理天地，事功豈是很多呢？只在一心一身之間，微小的呼吸而已。《中庸》說『達到中和，天地歸位，萬物作育』，即是這個意思嗎？如果人每一時抱存心神，每一刻修養氣息，除了餓了吃飯，睏了睡眠之外，隨時隨地，常常覺照，不許一念游移，一息間斷，才能避免疾病的憂慮。否則的話，稍為放過即會逝去，外間邪氣得以侵擾，正氣不存養，邪氣容易入侵，是有所必然的。古語說：『人能一念不起，片

42 黃元吉，《道德經註釋》（北京：中華書局，2019年），頁106。

欲不生，天地莫能窺其隱，鬼神不能測其機』，實在不是捏造的。人說過築基可以長生不老，哪知道學道之人未曾築基，只要神氣常常紐成一團，毫不分散，則鬼神沒有辦法追攝魂魄，我命由我不由天了。我不惜承擔洩漏天機的罪過，後來的學者，如果不照這點來修持，則無以面對我。」這即是說，常常保持明覺，念茲在茲，一念不起，清心寡欲，就自能採取先天一炁，使炁包神外，神炁合一。所謂王之大，亦不過是做到這一點，同時又能造就生活環境，令百姓可以自己做工夫而已。

總括而言，道之偉大，就見於平凡，人在日用倫常之間，就可證見大道。道之偉大，在於它不突出，平平無奇，不似偉大。道平淡無味，於色似白，於味似甘淡，令其他顏色味道得以可能。道是令天地成為它自己的根源，是萬物之所由的道路。因此，道不是一物，而是物之所以然之由。萬物皆有其所由，因此萬物皆各有其道。天下之物皆自由其道，這就是天下的大道。天地體現大道，所以成其大。君王體現大道，使百姓各得其所，也所以成其為大。因此，道之大，也須由人來體現了。

十、反

反也者，道之動也

老子談論道的其中一個名是「反」，這應該是來自《易經》中物極必反的思想。據古人的觀察，當事物發展至於極致的時候，會盛極而衰，或否極泰來。有人以為「否極泰來」只是一道分析命題，「否極」即涵蘊「泰來」，二者之間有邏輯的必然性，因此這是一概念判斷。如果這是一分析命題，那麼它便不似經驗述句具有訊息內容，而對於經驗事實有所陳述。又，如果「否極泰來」是恆真句，由前項可推出後項，則它是沒有可能被否證的，其真值不為任何經驗事實所動搖。這亦即是說，這一命題於經驗世界一無所述，而經驗事實也不能決定這句說話的真假，這句話是概念分析，於經驗事實無所涉，而是恆久地真。正如數學定理是分析命題，只要我們理解命題中概念的意義，即可決定其為恆真，而不必考察經驗世界的情況，來決定其真假。若然如此，則以「否極泰來」、「物極必反」來偽裝經驗述句，則為訊息內容為零的空廢命題。然而，這種對於古代思想的詮釋，卻是錯誤的。

老子談論「反」，為道之名，即是有名的一面。老子對於道之命名，是出於道的宇宙論上的領略，這是本於人的經驗，包括對於宇宙人生的體驗，來了解道的作用。因此，舉凡對於道的宇宙論陳述，即道如何作用於經驗世界，都是綜合命題。綜合之為綜合，即有別於純粹概念分析，而涉及心靈的綜合活動。比如在「這個蘋果是紅色的」這一命題之中，我們就不能由前項必然地推出後項，這即是說，「這個蘋果」不是邏輯上必然是「紅色的」，關於這個蘋果是否紅色的事實，是有待於經驗觀察的。正如「否極」不必「泰來」，「物極」不是邏輯上「必反」，而這兩道命題是否為真，是有待於經驗觀察的。李天命老師曾指出，只要我們設想我們可能舉出一反例，則「物極必反」不是邏輯上必然的，非概念分析的分析命題，而是綜合命題。箇中的吃緊之處，即在於我們可能舉出反例，而不必真的舉出反例。事實上，我們確實可以想像大唐盛世，盛極不反，而一直維持下去，而這是邏輯上可能的。在邏輯上，物極不必反，而所謂「物極必反」，是出於經驗觀察，對於世事作出經驗陳述。因此，老子以「反」為道之名，而對於道的作用作出經驗陳述。對於道的「反」之一名，老子說：

反也者，道之動也。

「所謂反，是道的運動。」對於世事物極必反的思想，老子繼承了《易經》。一般講論《易經》的人，亦不過是就現象界的事物發展，說其發展至於極致，就會反過來，向相反方向發展。然而，《易經》有「復，其見天地之心乎」一語，「反」的奧義見於「復」，就是復歸於天地之心。正如老子講論「反」，即是返於根本，由無生有，而由有返無。因此老子又提到「天下之物生於有，有生於无」，返於根本，就是返於虛無本體。趙志堅解釋：

> 反，歸本也。凡人以移故就新為動，為道者捨末反本，故云「道之動」。[43]

「反，就是歸於根本。一般人以送舊迎新是動，修道者卻是捨去枝末，返於根本，所以說是『道之動』。」一般來說，世事推陳出新，是無中生有，具有一矢向性；而修道者卻從天下萬物之有，返觀於無，回到事物未曾生發的本體。這即是回歸之道。由輪廓分明的有，放下分別，返回純粹意識，冥契於道，食於天下母，採取先天一炁。老子所說的「反」，一方面是泛說物極必反，另一方面是說由天下萬物之有，向後返觀，回歸於無之本體，一切從無而生，而又返歸於無，無物不是如此，無物不返於根本。因此，修道之人不必向有的方面追逐下去，不必從有欲方面要求下去，而觀於欲望未萌之時，事物還未分明呈現之際，做虛靜的工夫。對於「反」的工夫，黃元吉說：

> 夫道，人人具足，個個圓全，又何待於復哉？不知人自有生而後，氣拘欲蔽，知誘物化，斯道之為所汩者多矣。苟非內祛諸緣，外祛諸擾，凝神調息，絕慮忘機，安得一陽發生，道氣復返乎？故曰：反者道之動，煉丹之始基也。[44]

---

43 焦竑，《老子翼》（上海：華東師範大學出版社，2011 年），頁 104。

44 黃元吉，《道德經註釋》（北京：中華書局，2019 年），頁 169。

「道，人人都本自具備，個個都圓滿完全，又為甚麼依待於恢復呢？不知人自有了生命之後，為氣拘束，為欲蒙蔽，知識誘惑，而物質化了，這是道之所以汩沒者就很多了。如果不是內在併除諸多攀緣，外在併除諸多紛擾，凝聚心神，調和氣息，斷絕思慮，忘卻世事，怎會得以一陽發生，母道的先天一炁復返呢？因此說：反是道的運動，是煉丹的開始根基。」由是觀之，先天一炁本是人人具足圓滿，只是因為物欲引誘，心知向外馳逐，而日趨耗散，不知所歸。因此，修道人要作的是，止息內外諸緣，凝神調息，才能恢復道的狀態，而採取先天一炁。

老子所談論的「反」，既為道之名，是說道的作用，而「反是道的運動」是一綜合命題，其真實性有待於經驗觀察；「反」又是觀道之運動的回歸之道，亦即是返於根本的工夫。天下萬物由無而有，又由有返無，修道者即須返歸於虛靜，回到純粹意識，這樣才能採取先天一炁，回復生命的本體。所謂「反」，即是返回，回歸虛無。事物至於極致就會向反方向發展，有至於極致就會返於無。正如樹木由根本吸取養分，向上伸展，而生發枝葉，最終亦落葉歸根，返回根本。修道即是返本，行道即是開新，開新又以返本為本。

曲則全

就常識而言，我們要成全一個人，或成功一件事，就須要用盡辦法做一些有益的事情，使這人或這事有所增益。向著目標而努力，就是得到成功的最直接方法。我們總是想走一條最短的道路，然而老子卻告訴我們，最好的道路是蜿蜒彎曲的。因為老子看到物極必反，直接把事情推至高峯，會令它墮落傾倒。反之，做事情留有餘地，保持伸縮的彈性，凡事不去到最盡，卻是最佳的方法。正如運動員鍛鍊體能，除了直接鍛鍊之外，適當的休息也是十分重要的。若只知一味催谷，那是揠苗助長，適得其反。保留休息的時間，反而使身體進入最佳狀態，不致過度緊張而受到傷害。天下的道路，莫不以蜿蜒彎曲為最佳，最能成全人事。在事情發展至物極必反之先，我們先行減損，後退一步，反而能蓄精養銳。有而不用，蓄勢待發，這是老子處世待人的智慧。正如剛直容易折斷，柔軟不易崩潰，牙齒堅硬終會毀壞，舌頭柔軟到老不衰。因此，人要學會柔順的智慧。老子說：

曲則全，枉則直，洼則盈，敝則新，少則得，多則惑。

「委曲就得以成全，彎曲就得以伸直，低窪就得以盈滿，蔽固就得以更新，少求就會得到，多佔就會迷惑。」「曲則全」非老子首創，而是一句古語。《孫子．九地》：「善為道者，以曲而全。」《莊子．天下》：「人皆求福，己獨曲全，曰『苟免於咎』。」而老子後文又提到這是一句古語，皆可為證。至於「曲則全」以下數句，皆是老子對於這句古語的注語。如大海處於低窪，而成其為大海；日月萬古常存，而日新不已。有說「少」是「執一」，「多」是迷失了道之一，故此迷惑。焦竑於《筆乘》解釋說：

曲則全，枉則直，窪則盈，敝則新，凡以明少則得也。一，少之極也，抱一而天下式，則其得多矣。故一國三公，不知誰適？十羊九牧，詎可得芻？喪生者繇其多方，亡羊者苦于岐路。[45]

「『曲則全，枉則直，窪則盈，敝則新』，舉凡都是用來說明『少則得』。一，是少的極致，抱持『一』而為天下的法式，則他所得就多了。因此一國而有三公主政，就不知聽從誰；十隻羊而有九個牧者，豈能找到草料？失去生命者因為方法太多，失去羊隻因為分叉路太多。」焦竑認為前面這幾句都是為了說明「少則得」而可歸結於：

是以聖人抱一，為天下式。

上述這一句見於王弼本，而帛書上說：

45 焦竑，《老子翼》（上海：華東師範大學出版社，2011 年），頁 59。

是以聖人執一，以為天下牧。

「因此聖人執持道之『一』，以為天下之治。」所謂「一」，不是經驗上的一與多之「一」。我們說一與多，仍有分別，而老子所說的「一」，是忘記分別，回到混一的狀態。所謂混一，連「一」的概念亦無，姑且謂之「一」。所謂「一」，就是不起概念分別，而歸於純粹意識，與道為一的境界。所謂天下之治，不在於形形色色的政治作為，而在於去除障礙，使天下人皆有道路可走，進而回歸於「一」。這是一種回歸之道，亦即是老子「反」的智慧。「反」即是返回，回到混一尚未破裂的狀態。天下之物由無而有，其呈現為有，老子就教人返觀天下之物的根本，回到事物未呈現為有的純粹意識，歸於概念分別尚未作用的惚恍之先。人生的不幸多來自與道破裂，唯有執一才能回復與先天的生命之源的連結，而與道為一。因此，理想的政治是一種道化天下的政治，在於放開一步，不禁其源，不塞其性，令物各自生，各遂其性，這就是執一了。因此，老子又說：

不自視故彰，不自見故明，不自伐故有功，弗矜故能長。

「不自我看見，所以彰顯；不自我顯示，所以明白；不自誇耀，所以有功；不自矜持，所以能長久。」這是說明「執一」的道理。因為執一，所以能忘記自我；也因為忘我，所以能執一，而為天下之治。執一就是不執於自我，不以自我突出於道之上。只因人有了自我意識，才脫離了自然的和諧統一，有了「我與非我」的分別，而與道破裂；故此，要回歸於道，就須忘記自我。忘記自我，就是回歸於道的境界。老子又說：

夫唯不爭，故莫能與之爭。古之所謂曲全者，豈語哉！誠全歸之。

「只有不爭，因此沒有人能與他相爭。古語所說『曲則全』者，豈只是一句話而已。如果能夠曲全，確實能回歸自然之道。」所謂「不爭」，不只是一種以退為進的經驗策略，而是返回於道，回到無我的狀態。不爭即是不立一自我，而與人相爭；因此，他人也找不到那人的自我，而與之相爭。所謂無我，即是沒有「我與非我」的分別，不從他人界限出自我，亦不以自我排斥他人，忘人忘我，即是「不爭」。所謂「曲則全」，依老子之見，就是不立一自我去主動作為；反之，無我以待，使人我皆回歸於道。回歸之道，就是真正的成全之道。真正的成全，莫過於與道為一，而達到人生圓滿之境。既能與道為一，則人生可以無虧無欠，而真能達到圓滿的境界。

老子教人領略道之「反」，「反」是道之名，亦即是道在宇宙論上的作用。因此，人要順從道的作用，而返回道之本體，即是回歸於無我。既然沒有了自我，就不會與他人他物相礙相爭，他人他物也不會與我相礙相爭，沒有得也沒有失，永遠立於不會失敗的境地。所謂「曲則全」，就是無我就能成全道的境界。道的作用是「反」，我們就效法道之「反」，「反」即是返回，回歸於「不爭」，「不爭」即是無我。

大成若缺

根據老子的觀察，天下萬物大凡發展至於極致，就會向反面轉變，這就是物極必反的思想。物極必反，是道的作用，是老子的宇宙論領略。所謂宇宙論領略，是指對於道之作用於天下之物的領略，本於對萬物運動規律的觀察。因此之故，所謂「反」，是道的有名一面；而「物極必反」是綜合命題。道之成就萬物，是按照一條蜿蜒彎曲的道路。人要效法自然之道，而有所成就，就須要考慮物極必反的作用，而走一條曲折的道路。當事物由無中生有，而又由有返無，我們可以生出至少兩種處事態度：其中一種是保持謙退，使事勢不發展至於極致，以致於傾頹衰敗；另一種是在事物由有返無之前，我以無為的工夫，減損欲望與作為，先返於無，好能從無再生有，保持心靈之無限妙用，而不為事勢所推移。

關於第一種思想，我們常把反面的元素，加入事物發展之中，好使事情的發展不致於極端而衰敗，而常能保持餘勢，因勢而有進一步的發展。正如一個國家發展至於富強，則容易因為窮奢極侈、窮兵黷武，而令國力走下坡；改革之主，宜以謙讓自守，不事事力爭到底，為國家留有轉圜餘地。有關這種因勢的思想，老子說：

大成若缺，其用不敝。大盈若盅，其用不窮。

「偉大的成就好似有所缺乏，它的作用就不會敗壞。偉大的盈滿好似中間虛空，它的作用就不會窮盡。」由於偉大的成就好似有所缺乏，那就尚有進一步發展的餘勢，卻不會因推演致極，而走向傾覆。而偉大的盈滿好似中間虛空，正由於尚有虛空，則更能充盈，而不致滿溢流瀉。人生的道路也是如此，舉凡以為自己已達圓滿，就不能更有所生，則不能生生。若然如此，生命就會窒息僵死。中國人認為人達至圓滿，而可以休息停止，就只有生命終結之時。只要一息尚存，生命永遠帶有缺憾和虧欠。這是一個充滿缺憾的人生。正因為人生自覺有所缺，才會努力填補不足，而為此奮鬥不已。若以為已達圓滿，那麼最大的失敗便會來臨。就道之本體而言，它是無，無所謂缺憾與失敗、不足與欠缺，所以姑且稱它是圓滿的。至於道之作用於世間，它永遠帶有缺憾與虧欠，人生就是要有所創生，以填補不足，道就是生「生」之道。反，就是道的運動。道之生成萬物，永遠帶有它的反面元素。若人不理會自然的規律，那就只會步向失敗。因此，人之作事處世，必須因勢，時常保留餘勢，使事情保留發展空間。老子又說：

大直若屈，大巧若拙，大辯若訥。

以上是通行本的文字。根據高明的考證，在帛書出現之前，其中的「大辯若訥」已被質疑不是《老子》原文。易順鼎云：

《道德指歸論・大成若缺篇》「大巧若拙」下又云：「是以贏而若詘。」疑所據本有「大贏若詘」一句，無「大辯若訥」一句。[46]

帛書上說：

> 大直如詘，大巧如拙，大贏如肭。

「大的正直好像屈曲，大的巧妙好像笨拙，大的盈滿好像不足。」上文是就事物的一般發展來說，這裡是就人的德性而言。人之處世立身，必須謙退而空虛他自己，才會有所創造。正如一味剛直，不能真的成就道義，而有時也要有所屈曲。剛直也好，屈曲也好，最終是為了成就道義，所以屈曲也能成就剛直。又如巧妙和笨拙，都是為了成事，若能成事，也無所謂笨拙了，是謂「大巧」。至於盈滿，若然好似有所不足，則更能注滿。老子又說：

> 趮勝寒，靜勝熱。清靜可以為天下正。

「擾動克服寒冷，平靜克服炎熱。清靜可以作為天下的準則。」關於這一句，葉夢得注解：

46 高明，《帛書老子校注》（北京：中華書局，2020年），頁59-60。

寒暑者天地之氣也。有人于此，躁猶可以勝寒，靜猶可以勝熱，苟知其所勝，孰往而不可為？則清勝濁，靜勝動，其効亦可見矣，而況于缺之勝成，沖之勝盈，屈之勝直，拙之勝巧，訥之勝辯。惟其不察此，故必求其能勝之者。苟求勝之，終非其正也。唯清靜為天下正。[47]

「寒冷與暑熱，是天地之氣。有人於此，擾動尚且可以克服寒冷，平靜尚且可以克服暑熱，如果知道克服的方法，有甚麼而不可以作為的？如此則澄清勝過混濁，平靜勝過擾動，它們的效果也是可以看見的，而何況缺乏之勝過成就，中虛之勝過盈滿，屈曲之勝過正直，笨拙之勝過巧妙，本訥之勝過雄辯。只是他不察覺這點，所以他必求能勝過這些的。如果要求勝過它，終不是他的準則。唯獨清靜作為天下的準則。」這就涉及上述的第二種思想。我們總求有而更有，求勝過已有的，不如返回虛靜，回到欲望與作為的起點。無而能有，有而能無，有不限於特殊的有、現前的有，而返於無之本體，成就更多的可能性。因為它是無限，所以是妙用；正因有所妙用，才證實它的無限。這就是無限妙用。

反，是道的運動。成就萬物之道，常包含「反」的作用，是一條蜿蜒彎曲的道路。人之立身處世，一方面要因勢，另一方面要保持心靈的無限妙用。雖然這裡好像有兩種思想，但是卻是一而二，二而一的。那就是我們要了解道之作用，而反是道的運動。我們之領略

47 焦竑，《老子翼》（上海：華東師範大學出版社，2011年），頁115-116。

道之物極必反的作用，就常能先自減損欲望，而不妄為，甚而返於清靜，回歸虛靜本體，有而返無，無更生有，而常能妙用不已，以契合生生之道。正因道之反，故此人要返於清靜，以為天下正。

35

天下之道，猶張弓者也

人皆有這麼的一個自我。就人之道而言，人都會保護這個自我。比如我所佔有的身體及財物，他人不容侵佔。至於我的名聲與事業，更不由得他人損害，乃至自我所擴延至的其他事物，就像家庭、國家、宗教，我都極力肯定和維護。而自然法更是由維護自我的人格防線開始，所謂人權，就是由人互相肯定和尊重彼此的人格開始。嚴分人我界限，以致不準互相淩奪，就是法哲學的基礎了。就人之道而言，自我是非常重要的，它是我們行於世間的落腳點，一切實踐皆由自我開始。就算是仁者愛人，亦須由自愛開始，孟子說：「老吾老以及人之老，幼吾幼以及人之幼。」敬愛他家的老人，愛護他家的幼兒，亦是從敬愛自家老人、愛護自家兒童開始。人皆有這麼一個自我，都須加以自重和愛護，乃至我們尊敬和愛護別人，也是推己及人，由自我作為起始點。這種對於自我的肯定，初不是一種過失，甚至是人性尊嚴所在，只有在過分重視自我，妄自尊大，以致以自我淩駕他人之上，就會生出禍害。就人間世來說，一般人都會或多或少地傾向過分重視自我，而生出種種煩惱與罪過。就如軍國主義者過分重視自己的國家，對他國的權益置之不顧。不是說國家本身不值得肯定，而是不能過分狂熱，至於鼓吹侵略其他國族，而淩虐他人的性命財產。本於自然性向，人之道皆傾向於舉奉這個自我，甚至犧牲他人來成全自己，以使自己有所餘裕。反之，天之道就會減殺自我的有餘，以補充不足者。天之道與人之道，恰恰是相反的。所謂「反者，道之動」，就是指天道會在事情發展至極致時，轉向它的反面。當人人都極力地舉奉有餘，天之道就會反其道而行。因此，老子打了個比喻：

> 天下之道，猶張弓者也。高者抑之，下者舉之；有餘者損之，不足者補之。

「天下之道，就好似拉滿的弓。相對目的而言，太高的就會抑下，太低的就要高舉；用力過剩的就減損，用力不足的就補充。」對於天道來說，也有它的目的。天道生出萬物，任萬物之自然，所謂道生萬物，即萬物自生，而各由其道。萬物各由其道，即是自然，即是大道。若說道也有目的，即在於萬物都各自具備目的，而以物各自生為合目的。這也可以說，道沒有目的，而以萬物之各合目的，而為自然之道。天道任物自然，人皆為他自身的命運負責。而根據經驗觀察，大凡將一事推至極致，它就會轉向反面。人之以有餘自奉，也是如此。老子又說：

> 故天之道，損有餘而益不足。人之道則不然，損不足而奉有餘。

「因此天之道，減損有餘而補充不足。人之道就不是如此，減損不足而奉養有餘。」這裡所謂奉養有餘，即是奉養有餘裕的自我。一般人都想增加自己所佔有的東西，以奉養這個有餘裕的自我，但天之道會減損有餘，而奉養不足。人之道所奉養的有餘，皆不是恆久的。若欲取得恆久之道，就須知道天道之「反」。因此，老子教人取法於天，他說：

孰能有餘而有以取奉於天者乎？唯有道者乎。是以聖人為而弗有，成功而弗居也，若此其不欲見賢也。

「誰能以有餘而有以取法於天之道呢？只是有道者吧。因此聖人作為而不佔有，功成而不居功，這就是聖人不顯露才智的道理。」只有了解道之「反」，人的自我才能恆久保持。一切經驗事物，發展至極，都會走向反面。也只有忘掉經驗自我，與道為一，回到混而為一的狀態，人就能由流逝進入永恆，而以道為「我」。關於反其道而行，而至於忘我的道理，呂吉甫解釋道：

天之道無為而已矣，無為則無私，無私則均，猶之張弓也，高者抑之，下者舉之；有餘者損之，不足者補之，適于均而已矣。夫天之道，非故以抑高而舉下也，無為任物之自然，則高者為有餘，不得不抑而損；下者為不足，不得不舉而益。「滿招損，謙受益，時乃天道」，是也。人之道，不能無為，不能無為，則不能無私，不能無私，則至于損不足以奉有餘，不足異也。夫唯有道者知未始有物，而有為之與功名，皆我所餘，而天下之所不足而爭之，故損之以奉天下而不有此，故曰「孰能損有餘以奉天下，唯有道者」。聖人，則有道者也，是以為而不恃，功成不居，其不欲見賢者無它，凡以法天之道而已矣。48

「天之道就是無為而已，無為則無私，無私則中正，好似把弓拉滿一樣，太高的抑下它，太低的高舉它；力度過剩就減損它，力度不足就補充它，適合於中正而已。天之道，不是刻意抑制過高而舉奉卑下，無為而任物之自己如此，則高者是有餘，不得不抑制而減損；下者是不足，不得不舉奉而增益。所謂『滿招損，謙受益，時乃天道』，就是這個道理。人之道，不能無為，不能無為，則不能無私，不能無私，則至於減損不足以奉養有餘，這就不足奇怪了。只有有道者知未曾有物，而有所作為之與功名，皆是我所餘裕，而為天下的所不足者所爭奪，所以減損它以奉養天下而不有這些東西的人，因此說『孰能損有餘以奉天下，唯有道者』。聖人，就是有道者，所以作為而不自恃，功成而不居功，他不想顯露才智沒有其他原因，都是以取法於天之道而已。」所謂天之道的中正，就在於道之「反」——反人之道而行。人之道之所以不能恆久，是人之奉有餘而損不足所使然。反之，人能減損有餘，至於忘掉自我，就能取法於天，與道為一，進而進入永恆。

總括而言，「反」是道之名，即是老子對於道的宇宙論領略。反，是道的運動。大凡事物由無生有，有而至於極致，就會由有返無。因此，一方面，人若想經驗事物得以保存，

48 焦竑，《老子翼》（上海：華東師範大學出版社，2011 年），頁 184。

就須在事物發展至極致之前，作出減損，甚至加入反面的因素；另一方面，人要效法生「生」之道，就要保持心靈的無限妙用，由有返無，返於根本，又再由無生有，返本開新。此外，人要成就偉大事業，就要走一條蜿蜒彎曲的道路，甚而忘掉自我，立於無所爭之地。只有不立自我，而不與人相爭，人亦不能找到你的自我，而與之相爭。這就是「曲則全」之道。由於道之「反」，我們亦須以清靜為天下正。唯有清淨，人才能夠與道為一。最後，人之道，皆損不足以奉有餘，而天之道，損有餘而補不足。也只有減損有餘，而歸於無，人才能取法於天。所謂「反」，就是回歸之道。

十一、水

上善如水

老子對於道的宇宙論領略，就是「大」、「逝」、「遠」、「反」等，這都是道的名。一般人讀《老子》，總喜歡講「無名」的一面，而忽略了「有名」的一面。所謂「有名，萬物之母」，老子對於道的命名，是就道之作為宇宙萬物的根源，作為天下母，而說道的作用。道不但以「無」為體，而且是以「有」為用。「無名」或「無」是負的方法，否定一切對於道體的規定；「有名」或「有」是正的方法，具象地表述道的作用。關於道的作用，老子又以水來作為比喻。老子說：

> 上善如水。水善利萬物而有靜，居衆人之所惡，故幾於道矣。

「上善的人就如水一般。水好利萬物而取於安靜，居處於眾人所厭惡之地，因此近於道。」所謂「上善」，即不如世間被規定了的、可命名的善，就像水一樣沒有固定的形狀。上善的人隨緣行善，不執定固有的形式，所以如水。水好於利益萬物，但其自身是安靜的。水往往向下流動，處於眾人所憎惡的卑下之位，就好像道一樣。但道無形無象，水則有形，只能說是近於道了。關於帛書中「水善利萬物而有靜」，王弼本作：

水善利萬物而不爭。

「不爭」與「有靜」，在字義上固然相差很遠，但是正因水之不爭，遇到甚麼情況都能處守柔順，隨勢變化，所以它能取於安靜。「有靜」是因為「不爭」，「不爭」所以「有靜」，二者關係密切，甚至「不爭」更能突出水的特性，此句亦為人所樂道。關於上善之人，老子在帛書中又說：

居善地，心善淵，予善天，言善信，政善治，事善能，動善時。

「居處能夠善處卑下之地，安心能夠善如深淵包藏一切，施予能夠善於效法上天的普遍，言說能夠善於成就效驗，為政能夠善以清靜治天下，任事能夠善用其能，行動能夠善於把握時機。」關於「予善天」，通行本作：

與善仁。

「與」與「予」字義相通，而「仁」與「天」則相差很大。老子曾指出「上仁為之」，仁是有所作為，又說：「失德而後仁」，仁是失去了道德的作為，因此為老子所不取，更不會以之為近道。至於「天」，老子說：「知常容，容乃公，公乃王，王乃大，天乃道，道乃久」，可見天乃有周遍、無私，而近於道的意思。看來「予善天」更合於老子一貫的思想，因此本文採取帛書的版本。老子又說：

夫唯不爭，故无尤。

「只因水不爭，因此沒有人怨尤它。」道有如水，而上善之人效法水，柔順處事，不爭於物。水不執於固定的形態，隨時隨地而變化自己，就如上善之人，也不固執於特定的善，認為必然要如此而不能如彼，能夠因順眾人，順應形勢。只因上善之人不執己見，所以外在不與人相爭，內在心中安靜。善人之間的悲劇，是各執自己所認為的善，互不相容，以致兩敗俱傷，而事亦不成。其中各人自以為善，所執者實是己見。這就如錢穆指出，宋儒道德情感熾盛，幾近宗教狂熱，對於政見不同的人，往往貶斥為奸邪，甚至黨爭幾十年，至於亡國。這就是老子所講的「上仁為之」的禍害了。反之，上善之人不執己見，不把善行固執起來，而強人所難，卻守柔不爭。所謂「守柔」，也不是有固定的「柔」可守，反而是守無可守，因順變化，待時而動，這才是真正的柔順。關於「上善如水」，蘇轍解釋說：

《易》曰：「一陰一陽之謂道，繼之者善也，成之者性也。」又曰：「天以一生水。」蓋道運而為善，猶氣運而生水也。故曰「上善若水」。二者皆自無而始成形，故其理同。道無所不在，無所不利，而水亦然。然而既已麗于形，則于道有間矣，故曰「幾于道」。然而可名之善未有若此者也，故曰「上善」。避高趨下，未嘗有所逆，善地也。空虛靜默，深不可測，善淵也。利澤萬物，施而不求報，善仁也。圓必旋，方必折，塞必止，決必流，善信也。洗滌羣穢，平準高下，善治也。遇物賦形，而不留于一，善能也。冬凝春泮，涸溢不失節，善時也。有善而不免于人非者，以其爭也。水唯不爭，故兼七善而無尤。[49]

「《易經》說：『一陰一陽之謂道，繼之者善也，成之者性也。』又說：『天以一生水。』大概道運動而生出善德，就像氣運動而生出水。因此說『上善若水。』二者都是由無形而才成形，所以它的事理是相同的。道無所不在，無所不利，而水也是如此。然而水既已附麗於形象，就與道有所間隔了，因此說『幾于道』。然而可以命名的善未有好像如此的，因此說『上善』。避開高處，而走向卑下，未曾有所違反，這就是善地了。空虛靜默，深不可測，這就是善淵了。利益潤澤萬物，施予而不求回報，這就是善仁了。遇上圓形就旋轉，遇上方形就屈曲，阻塞它就止住，開決它就流動，這就是善信了。洗滌所有污穢，平衡高低，這就是善治了。遇上事物，就分布流形，而不留守於一定形狀，這就是善能了。冬天凝結，春天溶化，乾涸與滿溢不失節度，這就是善時了。具有善德而不免於別人的非議的人，是因為他有所爭。唯有水不爭，所以兼有七善而沒有怨尤。」

49 焦竑，《老子翼》（上海：華東師範大學出版社，2011年），頁19。

道於萬物的作用就如水，水的德性「有靜」而「不爭」，處於卑下，利澤萬物，因勢柔順，不執於己，上善之人就效法水，以契合於道。所謂道有如水，就體現於上善之人的實踐。老子談論道的作用，不是孤懸地、脫離人的實踐去說道。道就是人所由之道，就是人所實踐的道。道之上善，道之如水，一如上善之人效法水。上善如水，就能對於道的作用有所領略。

37

天下莫柔弱於水

一般人總想追求利益、地位和名聲，所以奮力爭取，力爭上游，這是俗情世間的現象。在爭取的過程之中，人為了與人爭勝，一往無前，施展才能，甚至犧牲大量時間、精神和健康，去追求別人認為是好的東西。世俗人的一生，就是不斷淘空自己，向外耗散的過程，以致他們迷失真我，不知所歸。這種用盡自己，以求外在之物的行為，其實是失去了自然之道，使自己不能成為真正的自己。這亦即是說，這樣是無助於成功美好的人生，乃至成就最高的善。只要想深一層，就會發現這種所謂「積極向上」的思想，往往令人陷入困頓，活得既不愉快，又沒意義。這種以堅攻堅的人生取態，看起上來很精銳，也很剛健，但實質卻是外強中乾，日漸枯死。只因這些人迷失了人生的常道，不知生命的永恆意義。所謂生命的永恆意義，就在於忘我，而與道為一。只有忘我，才能得到真我，而使生命變得偉大。生命的意義不在於擁有了甚麼，而在於成就了甚麼，而自由其道，特立獨行，成就生命最大的可能性，這就是人生最高的善。針對世俗人的堅強進取的思想，老子提出了守柔不爭的態度，教人效法水的柔弱，善取於卑下，而不改本性。老子說：

天下莫柔弱於水，而攻堅強者莫之能勝也，以其无以易之也。柔之勝剛，弱之勝強，天下莫弗知也，而莫能行也。故聖人之言云，曰：受邦之垢，是謂社稷之主；受邦之不祥，是謂天下之主。正言若反。

「天下之物沒有比水更柔弱的，而攻取堅強事物的人不能勝過它，因為他們沒有辦法改變水的本性。柔之勝剛，弱之勝強的道理，天下的人無不知道，但卻無人能實行。因此聖人之言說：身受邦國的污垢，就叫做社稷之主；身受邦國的不祥，就叫做天下之王。正面的道理好像反其道而行。」水的柔弱，就在於它沒有固定的形態，在圓成圓，在方成方，隨事物的影響而被決定。但是水向下流的性質，就沒有人能改變。君不見滴水可以穿石，以石頭的堅硬，小小的水滴可以穿透。水甚至可以深入大地，無所不入。《孫子》甚至以水來比喻兵勢，兵書上說：「激水之疾，至於漂石者，勢也。」水受激發，可以漂動巨石，這是形勢所使然。這就是因為水無固態，就像人忘記自己，可以得到最大的成就。

老子以水來比喻道，道作用於世間，也是不勉強而為，都是因順而行，任物各自生，各遂其性，因此得到最大的收穫。人自由其道，也須像水一般柔弱，不執於一己之見而強作妄為，就物之所然而然。唯有能包容一切，乃能成就一切，不爭取而自有所成。就是善處卑下，不突出小我，於是能成就大我，使自我得以保存。這就是老子所說，身受邦國之「垢」與「不祥」。關於這點，蔣錫昌說：

> 凡《老子》書中所言「曲」、「枉」、「窪」、「敝」、「少」、「雌」、「柔」、「弱」、「賤」、「損」、「嗇」、「慈」、「儉」、「後」、「下」、「孤」、「寡」、「不穀」之類，皆此所謂「垢」與「不祥」也。此言人君唯處謙下，守儉嗇，甘損少，能受天下人之所惡者，而後方能清靜無為，以道化民。如此，乃可真謂之「社稷主」，或謂之「天下王」也。[50]

蔣錫昌指出，大凡老子教人謙下自處，自我收斂，處於眾人所不喜歡處的境地，就是上述所謂的「垢」與「不祥」。唯有身受「垢」與「不祥」，人才能不與物爭，任物自爾，反能消極地保護一切，讓其自然發展。如此，則可以為「社稷之主」、「天下之王」。因為在這個時候，人能與道為一，就像道一樣生成萬物。所謂生成萬物，就是以其不自生，而保護一切之生，因此能生「生」。道之生物，不是直接地生，而是任其自生，這是不生之生。那麼，道是否亦讓罪惡自生呢？只要在不違反萬物自生的原則之下，道也會任由罪惡之自生，而不橫加扭曲。所謂「社稷之主」、「天下之王」，不過是反對對萬物之生橫加扭曲而已，不論是禁絕自己妄為，還是反對極權主義。因此，老子必然反對人主之操縱國家機器，而成鐵桶江山，以令萬民屈從。老子哲學是一種自由的思想，它所成就的是道化的天下。關於「正言若反」一語，高延第解釋說：

50 高明，《帛書老子校注》（北京：中華書局，2020年），頁301。

此語並發明上下篇玄言之旨。凡篇中所謂「曲則全」，「枉則直」，「窪則盈」，「敝則新」，「柔弱勝堅強」，「不益生則久生」，「無為則有為」，「不爭莫與爭」，「知不言，言不知」，「損而益，益而損」，言相反而理相成，皆「正言」也。[51]

這是就不自我成全，而反能成就更大的自我來說。如果人執於小我，而與萬物相爭，最終他會歸於疲憊失敗。反之，如果人能夠忘記自我，而能與道為一，這可以成就生命最大的意義。這種「正言若反」的智慧，就是從反面入手，而成其正言的道理。若人以此「反」的智慧，作為手段，他可能會得到短暫的成功，但如果這人仍然執持小我，而與人相爭，那麼他與他的事業都不能有最大的成就，而人的最大成就就是與道為一，從流逝進入永恆。關於「正言若反」的智慧，蘇轍有另一種解釋：

正言合道而反俗，俗以受垢為辱，受不祥為殃故也。[52]

「正面而言，合於大道，而反於流俗，流俗以接受污垢為恥辱，身受不祥為禍殃。」蘇轍所說的「反」，是就反於流俗之討厭自我謙抑，而身受「垢」與「不祥」而言。所謂自我謙抑，就是不張揚，因而可能受到世人的輕視和鄙夷，這都是人所厭惡的。老子就是

51 同上。
52 焦竑，《老子翼》（上海：華東師範大學出版社，2011 年），頁 185。

教人反流俗而行，行人所不能行，成人所不能成之事。因此，老子說柔弱之道，天下人莫不知道，卻沒有人能夠實行。

老子教人效法水的柔弱，水沒有固定的形態，因勢而變化，就像人之不執持自我，不以一己與物相爭。此外，水善於就下，接受一切污垢與不祥，而與道為一之人，由於不執持自我，不張揚，不高蹈，所以會受到世人的鄙棄。然而，就因為他放下了小我，不以此為限，所以他有更大的成就。愈能放下自我，愈能有所成就。當你完全放下自我，就能完全契合於道。

江海所以能為百谷王者

老子談論水，以江海作為比喻，是就道的作用，即道的有名一面，而立說。聖人效法大道之生天下之物，因此才說是「上善如水」。然而，有論者卻脫離道的宇宙論領略，而將「上善如水」變成一種處世策略。他們以為水無固定形態，柔順而能因應事勢，無孔不入，使人立於不敗之地。這種柔順的取態，是為了取得短暫的利益，或者避開一時的禍患，但卻是脫離了聖人對於道的領略。這種「如水」的策略，為社會大眾所樂道。吳明老師慷慨陳辭，對這種處世策略，多所批評：這是沒有理念的，只是為了討得好處的權宜之計，不能真的成事。若然沒有了理念，只能一味如水，因順形勢，其實是不能凝聚，而一擊即潰。這就是這種口號之無頭腦、令人生厭之處。老子之談論江海之道，不是只以如水為一種暫時的策略，而是要道化天下，成就最大的可能。萬物皆各由其道，各遂其性，不生而生，是謂大道。老子就是以大道的不生之生，兼容並包，為其理念。這大大不同於只為現實利益，屈曲自己，遷就形勢，事後還悻悻然，委過於人。這就是時人之言「如水」，不同於老子的江海之道。

老子以江海比喻上善之道，因為江海為百川所歸往，正如聖人為天下人所心悅誠服。

老子說：

江海所以能為百谷王者，以其善下之也，是以能為百谷王。

「江海所以能夠作為百谷之王者，就是因為它善於使百川往下流，所以它能夠作為百谷之王。」一般的注解，都會將「善下」解釋為江海善處於下游。然而，郭世銘則指出，江海之處於下游，不是它所能選擇的；所謂的「下」，是指能使百川往下流動。我們固然知道水向下流，是因為地心吸力，但古人大概以為江海能令百川往下流，而歸於江海。這就正如聖人能令百姓歸往一樣。老子繼續說：

是以聖人之欲上民也，必以其言下之；其欲先民也，必以其身後之。

「因此聖人之欲居於百姓之上，必然用他的言辭謙讓於人；他想居於百姓之先，必然以他自己身居人後。」這好像是一種以退為進的策略，以陰謀來迷惑百姓。但老子卻不是此意，他所要表達的是道化天下。關於這一點，宋常星解釋說：

恭聞自高以上人者，不可以長天下；自是以絀人者，不可以成天下。一人知雖大，何如合天下之知更大；一人之能即善，何如共天下之能更善。不自恃其知，是不與天下爭知也；不自有其能，是不與天下爭能也。是故不上人，而人亦莫能上；不先人，而人亦莫能先。雖自處於下，為天下樂歸之下；自安於後，為天下不敢先之後也。要皆無為而為，無爭而事，乃能有如是之廣大，如是之自然尊崇也。看經者自詳之。此章經旨，是發明聖人處心忘己之義，故以江海取喻也。53

這是不自以為是，不執於一己之知，不恃於一我之能，而與天下人相爭。反而是令天下人心悅誠服，自然尊崇。如何可令天下人心悅誠服，自然尊崇？就是以天下人之知為知，以天下人之能為能。這就必然自「聖人處心忘己」而始。所謂聖人如江海作為百谷王，就在於他契合於道，不妄作妄為，而令天下人各由其道，物各自生，各遂其性。這就是處心忘己，而道化天下了。老子繼續說：

故居上而民弗重也，居前而民弗害。天下皆樂推而弗厭也。不以其无爭與，故天下莫能與爭。

「因此聖人居於上而百姓不為累，居於前而百姓不受害。天下皆樂於推許而不厭倦。不是因為他無爭於人嗎？故此天下沒有人能與他相爭。」關於道化天下，令人心悅誠服，重要的是不立一我，以與天下百姓相爭。反之，以百姓心為心，視天下人如己。這是就聖人之契合於道來說，而不只是一種處世策略，也不是討好處的手腕而已。關於契合於道的道理，陸西星說：

53 宋常星，《道德經講義》（臺北：東大圖書公司，2019 年），頁 297。

此言能下之利，以明聖人體道之事。夫江海之所以能為百谷王者，以其善下故也。聖人修身體道，亦以能下為利焉。欲上民以言下之，欲先民以身後之，如是則有以得其樂與之心，而求無不得。是故處上而人不我重也，處前而人不我害也，樂推而人不我厭也，心悅誠服而人不我爭也。蓋有投之所向無不如意者，所謂大國以下小國，則取小國，意正如此，此會此意否？[54]

「這是說能謙下的用處，以發明聖人契合於道的事情。江海之所以能作為百谷王者，就是因為它處於下位。聖人修養自己，契合於道，也都以能夠謙下為用。欲居於百姓之上，而以言辭謙讓，欲居於百姓之先，而自居於其後，如此就有辦法得到他們樂於推許的心，而所求沒有不得的。因此處於上而人不以我為累，處於前而人不以我為害，樂於推許而人不以我為厭，心悅誠服而人不與我相爭。因為有所投向而沒有不如意的，所謂大國以謙下禮讓小國，則令小國歸服，意思正是如此，你能夠領會這個意思嗎？」簡單來說，老子之說如江海、如水、守柔不爭、謙下自處，不只是一種謀略，而是真能契合大道，忘記自我，而道化天下，令萬物各由其道，聖人不生而生，而生其「生」。

總括而言，道的作用就好像水一樣，沒有固定的形態，在圓法圓，在方法方，因順萬

54　陸潛虛真人，《方壺外史》（臺北：自由出版社，2018年），頁386。

物，而不與之相爭。上善之人就如水一樣，效法天下的大道，而有生「生」之德。水善於就下，接受一切污垢與不祥。正如上善之人，不高蹈，不張揚，甚至受世人輕視與怠慢，但他卻謙下自處，甚至忘掉一己之私，而道化天下。最後，「上善如水」不只是一種沒有理念的策略，或只是討好處的手腕，而是以契合大道為原則。忘掉自我，而道化天下，就是「上善如水」之道了。

十二、德

39

上德不德

聞說有學生曾經向牟宗三要求題字，作為留念，於是牟宗三題了「不施小惠」四字。此四字頗出人意表。一般來說，我們總認為在小事上能幫助人，惠及他人，那是一件好事。就算是大事幫不了忙，能施一點小惠，也是好的。然而，牟宗三卻不以為然。他的智慧就在於不貪執德行，不以小惠討人喜歡，保持高古的品格。從常識來說，施予小惠，本來可以是件好事。但是，如果以小惠來作為手段，貪天功以為己有，那就會使善德變質了。況且施一點小惠，也幫不了大忙。人之所以會以小惠來討好人，大概是以為善德是好的東西，因而生起執著，欲以善人自居。這就是有心為之，而如此為之，反而會失去善德的純粹性，因此失去德行。這也是道家的智慧。老子就不問善之為善，德之為德，它的本質是甚麼，而是探究善德如何保持它的純粹性，在表現時不至於變質。當然，孟子說：「由仁義行，非行仁義」，指出了仁義由滿心而發，不是定了仁義的標準，再湊近這些標準。這表示了儒家也有這個智慧。正如由惻隱之心而佈施，乃出自性情，反之存心要表現惻隱之心而佈施，那麼使存有機心成見了。這會令德行失去真實性，而成了人性的桎梏，而文化的洗禮往往就是如此，令人心受此曲折。這就是文化之惡了。儒家正面建立文化，教人莫以善小而不為；道家則反省異化了的德行，教人不執於德，純任自然，至於天機自張，大化流行。老子教人不執於德，才能成就德行，反之就會失德敗行。就在《老子》一書之中，提到了這個德行的弔詭之處，老子說：

上德不德，是以有德；下德不失德，是以无德。

「上德之人不自以為有德，因此就有德；下德之人不忘以德自居，因此是沒有德。」由此可見，德就如水一般，你雙手握得愈緊，它就愈會流走，也只有放開一步，讓水自流，還其本然，這樣你就懂得與水相處之道了。

關於「上德不德」這種智慧，韓非子在〈解老篇〉解釋說：

德者內也，得者外也。「上德不德」，言其神不淫於外也。神不淫於外則身全，身全之謂德。德者，得身也。凡德者，以無為集，以無欲成，以不思安，以不用固。為之欲之，則德無舍，德無舍則不全。用之思之，則不固，不固則無功，無功則生有德。德者無德，不德則有德。故曰「上德不德，是以有德」。[55]

55　陸潛虛真人，《方壺外史》（臺北：自由出版社，2018 年），頁 386。

「所謂德者，是內在的；而所謂得者，是外在的。『上德不德』，是說上德之人的精神不流蕩於外。精神不流蕩於外則生命得以保全，保全生命就叫做德。所謂德者，就是保全生命。大凡德者，以無為來成就，以無欲來成功，以不思來安定，以不用來固守。為之欲之，則德沒有安住之處，德沒有安住之處就不能成全。用之思之，則不能固守，不能固守則不能成功，不能成功則成為佔有德行。上德之人不佔有德，不德之人就佔有德。因此說『上德不德，是以有德』。」所謂「上德不德」，就是說上德之人，精神內守，德行不異化於外，以無為、無欲、不思、不用來成功德行；反之，下德之人貪佔德行，處處表示有德，這樣反而失去了德行。只有不貪佔，讓德行自然流露，才能成就真正的善德。

對於韓非子的解釋，高明於《帛書老子校注》之中大加讚賞，並補充說：

> 德者，得也。常得無喪，利而無害，故以德為名。宇宙萬物得失相附，成敗相遂，何以得德，唯道是由。何以盡德，以無為用。以無為用，以虛為主，無事無欲，因循自若，不德而德，故謂之上。求則得之，為則成之，立善治物，名揚位顯，實則得外失內，捨真求偽，似得實失，德則無德，故謂之下。[56]

這段文字指出，德就是得道於心，大道以無為用，以虛為主，由大道而行，就是盡德。

56 同上，頁2。

天下之物，各由其道，各遂其生，就是大道。由大道而行，就是因物自然，任物自生，不自善，不自矜，不自執，這就是上德。上德不得於外，而得於內，得之於大道；下德忘失大道，務求於外而有所求得，卻不得於德，因此是下。所謂「無」與「虛」，就是負的方法，否定一切佔有，因此是不得之德。德是得之於內，而不是得於外，所以不同於流俗世間的佔有之德。也只有放下自我，不妄自尊大，不自以為是，才能由大道而行。放下自我，而與道為一，不從無限界畫出有限，有限亦融入無限之中，有限皆能無其所限，於是一切帶缺的事物都不覺其缺憾，這就是由玄智所成的上德之境。上德是大道的樞紐，因為只有上德才能實證大道。若不由實證，則一切玄智，皆成玩弄字眼的浮智，一切德行亦不成德行，大道也不能呈用。

老子教人不自固執，不以上德自居，如此才能成就上德。只因上德須證實大道，大道就是天下之物皆由其道，自然自爾。上德不生物，而任物自生，於是能夠生「生」。生「生」之德，要比生物之德，甚至是得物之德，來得可貴。上德之人就是能契合大道的人，大道不是自成實體的獨立存在，而是由上德玄智所證成的境界。如果以為大道是獨立自存，另生萬物，又執持天下，這就是下德。就不是老子所說「道德」之德了。

上德无為而无以為也

德是道的具體表現，而道是德的根據。道是一物之所以成為該物所由的道路，大道是天下之物的形上根據。當人實踐其道的時候，就形成他的德，德是得之於內，得道於心。正如君子之所以為君子，就在於他實踐君子之道，因而有君子之德。道是實踐之道，而德見於實踐中的具體表現。又如音樂才華見於創作與演奏，離開具體表現，我們無從說德。老子所言的德，就是表現大道之德。大道就是天下之物各由其道，大道不是萬物的主宰，反而是開放的、兼容的，讓物各自生，各遂其性，使道並行而不悖。至於有德之人，就是服膺大道，不生物，而生「生」，放開一步，不把持，不侵奪，不佔有，樂觀萬物之生。德是一種觀賞的取態，觀於大道，觀於萬物，而無所得於外，姑且名之為「德」。道是成就一切的形上根據，德是純粹觀賞的境界，觀物而不介入，誘導而不扭曲，使萬物自然自爾，而成為它自己。用之於治國，就是提供一個適當的環境，讓百姓自由發展，無事而天下晏平。用之於教育，就是善於引導，令學生發揮自己的天性，不橫加扭曲，不窒息其心。德是得之於內，自然流露於外，而內外一致，無為而能無所不為。無為，就是不造作，不外鑠，任物性自然發展；無所不為，就是讓萬物各遂其性，而成功天地間的大有。

老子心目中的上德之人，與道為一，而大道又不是別的一物，就見於物各自生，各遂其性。因此，上德之人不橫斷眾流，卻是隨物所宜，不執意妄為，不故作姿態，因順萬物，與時偕行。上德之人不但充滿彈性，如水輕柔，而道化天下；他甚至不執自我，而能忘掉一己之私，效法天道之周遍、大公、無礙、能容。上德無為而無以為之。因此，老子說：

> 上德无為而无以為也。上仁為之而无以為也。上義為之而有以為也。上禮為之而莫之應也，則攘臂而扔之。故失道而后德，失德而后仁，失仁而后義，失義而后禮。夫禮者，忠信之薄也，而亂之首也。

「上德之人無所作為，而無執定的方法來行事。上仁之人有所作為，而無執定的方法來行事。上義之人有所作為，而有一定的規矩來行事。上禮之人有所作為而人不響應，他就伸出手臂而強意牽引。因此失掉了道而後有德，失掉了德而後有仁，失掉了仁而後有義，失掉了義而後有禮。所謂的禮，是忠信薄弱了，而為禍亂的開始。」在通行本之中，「上德无為而无以為也」之下有一句，高明指出這句不僅詞義重疊，而且內容混亂，他說：

> 如王弼諸本衍作「下德為之而有以為」，則同「上義為之而有以為」相重；傅奕諸本衍作「下德為之而無以為」，則同「上仁為之而無以為」相重。由此可見，「下德」一句在此純屬多

餘，絕非《老子》原文所有，當為後人妄增。[57]

老子以道的觀點，指出德、仁、義、禮，是聖人治國的根據；而失掉了大道之後，漸次有德、仁、義、禮。關於這點，嚴遵解釋說：

虛無無為、開導萬物謂之道人，清靜因應、無所不為謂之德人，兼愛萬物、博施無窮謂之仁人，理名正實、處事之義謂之義人，謙退辭讓、敬以守和謂之禮人。[58]

「虛無無為、開導萬物叫做道人，清靜因應、無所不為叫做德人，兼愛萬物、博施無窮叫做仁人，理名正實、處事之義叫做義人，謙退辭讓、敬以守和叫做禮人。」由道而有德，而又有仁、義、禮。禮本也是表現德行，而為人倫世界所必需的。然而，只有外在的禮文，而忘記了內在的德行，就會本末倒置，而產生亂象。嚴遵又說：

是故，帝王根本，道為元始。道失而德次之，德失而仁次之，仁失而義次之，義失而禮次之，禮失而亂次之。凡此五者，道之以一體而世主之所長短也。故，所為非其所欲也，所求非其所得也。不務自然而務小薄。夫禮之為事也，中外相違，華盛而實毀，末隆而本衰。禮薄於

57 高明，《帛書老子校注》（北京：中華書局，2020 年），頁 3。

58 嚴遵著；王德有譯注《老子指歸譯注》（北京：商務印書館，2004 年），頁 5-6。

忠，權輕於威，信不及義，德不逮仁；為治之末，為亂之元，詐偽所起，忿爭所因。[59]

「因此，帝王的根本，以道為開始。道失掉了而德隨之而生，德失掉了而仁隨之而生，仁失掉了而義隨之而生，義失掉了而禮隨之而生，禮失掉了而亂隨之而生。舉凡這五種東西，貫通為一體而人世之主各有長短。因此所做的不是他們所欲求的，所求的不是他們得到的。他們不務求自然而務求微薄的事情。禮是這樣的東西，表裡互相違反，浮華繁盛而實質毀壞，枝末隆盛而根本衰敗。禮比忠淺薄，權比威輕浮，信及不上義，德及不上仁；這是治國的枝節，而為禍亂的開始，欺詐的所起，忿爭的原因。」上德之人治國，純任自然，及至上仁之人有意作為，上義之人定立萬物之宜，上禮之人強意作為，連禮都失去的話，就以刑罰兵甲加於百姓之身。由此可見，失去內在的根據，而只重外在的形式，甚至外在形式都破敗，就是禍患的開始了。

道是德的形上根據，德是道的具體表現。通過德，大道能夠實現於世間。也只有有了德，仁、義、禮才能得以真正成全。失掉了道德，有意作為，以至於只有外在形式，就是惡之所起的原因。文化本由道德而生，脫離了道德的文化，外鑠人心，扭曲人性，就是文化之惡了。文化深根於上德，若沒有了上德源源不絕的滋養，文化將會流於形式，而日漸

59 同上，頁 19-20。

枯死。文化之桎梏人的性情，非一日之事，要挽狂瀾於既倒，就要從根本做起，回復道德。上德之人體現大道，大道無為，而上德之人無為而無以為。簡而言之，就是不自作主張，放開一步，讓天下之物走自己該走的道路，真實化而成為它自己。

41

前識者，道之華也

叔本華主張不要太早給孩子接觸書本，因為讀書是以別人的思考代替自己的思考，我們應該讓孩子親身經驗這個世界，而不是以抽象的知識取代具體的經驗。如果只具有很多書本上的知識，而缺乏對於事物的親身探索，那也不過是書呆子而已。任你讀上千萬本書，也稱不上有智慧。不但經驗知識如此，我們對於道德的體驗也是如此。雖然叔本華十分敬重康德，但也批評康德的道德哲學為迂腐。這是因為康德指出真正的道德原則，是定言律令，而這定言律令沒有具體內容，但具有普遍性，且放諸四海皆準。人只要通過理性思考，就可以得到這無上的律令，也就明白甚麼事情應該做，甚麼事情不該做。然而，迂腐之為迂腐，就在於呆板的人執持大道理，不能應付千差萬別的情況，而顯得左支右絀。簡而言之，如果康德的道德律令是決定性判斷，即是以普遍原則來決定具體行動，就只會為識者所笑。至於我們學習哲學的人，對於人生的大小問題，亦宜一一經歷之，而举取箇中的智慧，卻不好從書本中學來一些條目，先橫列胸前，妨礙處事應變。這就是之所以尼采說康德構造哲學大系統，像隻吐絲結網把自己綁住的蜘蛛。所謂實踐的智慧學，講到最根本之處，就在於機智，或更準確地說，就在於判斷力。如果我們只有一大套關於道德哲學的學說，而欠缺智慧與體驗，就不會真正成就人格，那麼任你建立何等宏偉的哲學大廈，都會倒塌而成為廢墟。

莊子之所以笑儒生規行矩步，一成龍，一成虎，因為他們喪失了真性情。須知一切禮樂教化也是本於性情，旨在啟發人的真心。當時的儒生卻失去了本有的性情，去模仿外在的行為，他們沒有真動惻隱之心，卻裝扮道德行為的樣子。他們以為道德就是這個樣子，他們書讀得太多了，以致不會反身而誠。文化令人的性情受到屈曲，使之不能伸展，反受到了桎梏。他們在真心萌發之先，已存有太多的成見，這就叫做「前識」了。因此，老子說：

> 前識者，道之華也，而愚之首也。

「前識就是道的浮華，而且是愚昧的開始。」河上公注解說：

> 不知而言知，為前識。此人失道之實，得道之華。[60]

「不真正體會到而說自己知道，就是前識。這人失去了道的實在，而得到了道的浮華。」道是人所由之道，德是行道時所得於己。若失去了道德的真實體驗，而為滿腦子的

60 鄭成海，《老子河上公注疏證》（臺北：華正書局，1978年），頁262。

知識所佔據，那就是失去了實在，而得到了浮華。正如孔子之為孔子，固然有他自己的道德，而他的道德就體現在他的行為之中。然而，如果你對於道德沒有體驗，而只是模仿孔子的行為，以為道德就是如此，這就是邯鄲學步了。這不但沒有學成，而且桎梏了自己的性情。老子說：「上德不德」，就是說上德之人不執持已成之德，不為前識所迷惑，而是由性情出發，生起一切道德行為。這就是脫落文化教給我們的知識，回到道德的本源，自然而然，由道而生，任德自成。由道德而行，而不是行一個預定的「道德」。因此，前識實在是道的浮華，使人迷失根本。老子又說：

是以大丈夫居其厚而不居其薄，居其實不居其華。故去彼取此。

「因此大丈夫居處厚德而不居於其淺薄的表面，居處實在而不居於浮華。因此離開彼之淺薄浮華，而採取此之厚德實在。」於此，河上公解釋說：

大丈夫，謂得道之君也。處其厚者，謂處身於敦朴。[61]

鄭成海指出：

61　同上，頁263。

河上以「敦朴」釋「厚」，「敦朴」，指「道」言。[62]

「敦朴」是指道還未散而成器的狀態，是指成物的根本。老子是指上德之人，善於保存性情，人性深摯之處，為道德之本。人之能夠成己成物，都是不執於已成的道德，而任物自生，各由其道，各成其德。如此，就須不為前識所礙。大丈夫之為「大」，就在於他胸懷大道，具生「生」之德。他不但能自生自成，也能夠放開一步，不加干涉扭曲，令物各自生，自然自爾。他自己與天地萬物，皆在他的玄覽之中，成為他們自己。這就是人所能有的最大之德。

前識就是指人對於德行存有先在的成見。這些成見可能來自文化教育，令人以為德行必定就是某個樣子，因而執於一種形式規範，而迷失了性情。性情是德行之所本，一切德行須本於情性而發，發乎性情，止於禮儀。禮儀是性情之憑藉，性情是禮儀的根本。人們卻因為學習了禮儀，對於德行有了前識，因此忘失了性情，而妄自測度。上德之人既要成己成物，就須去掉前識，只因前識是道之浮華；他要回到德行的根本，而歸於真性情。老子提出「上德不德」，箇中的吃緊之處，就在於實踐德行，而不執於已成之德。一切已成之德，都可以是前識，人必須超越之，而另有創造。此外，老子所說，又不止於成己，而

62 同上。

在於成物。因此，人又須不執於一己之德，而令萬物屈從。反之，上德之人任由萬物各由其道，自成其德。一切一切，又由否定前識開始。

善建者不拔

世人所得於外物者，如財富、名位、權勢，終將消逝。就連我們的身體，都有朽壞的一日，更何況附於此身之物。我們以為把寶物藏好，就不會失去，怎知時間是一名大力士，它能遷移世間萬物，而無有一例外者。若從身上起見，我們都難逃一死，而最終都是失敗者。俗世中人汲汲營營，希望獲取世間的事物，所得的仍是在外，於我們自己不必有所裨益。得之在外的東西，終將失去。反之，老子教人得之於內，得道於心，這就不會失去。所謂得道於內，就是「德」。這不是外在有一物，等我來佔有。外在之物，能得亦能失，甚至是我的身體，也是時空中的一物，最終亦會失去。也只有不從無限之中，畫出有限，而佔有此限內之物，就沒有所謂失去。不求得於外在，就不會失去。我將與道為一。這好像是失去了自我，就像水滴之融入大海，然而水滴失去了自我，它卻成為大海。這就好似人放下了自我，成就了自身之德。這與得於外物有所不同，姑且叫做有得於內，而為道德之「德」。有德者，就是不佔有，甚至捨棄所有，除去其所限，而成為無限。道是無限之道，德也是無限之德。道乃是永恆，只因道不像萬物有生有滅，道無所謂生滅，同於道的人亦如此。有德者喪失自我，乃以道為我，於是他從流逝進入永恆。大凡所得於世間，在俗世所建立的東西，都難逃無常的陰影，而終於毀滅。只有放開一切，同一於道，而有其德，才能入於不生不滅。因此，老子說：

善建者不拔，善抱者不脫，子孫以祭祀不絕。

「善於建立者，不被拔除；善於抱持者，不會脫手；後世子孫以他的德行而祭祀不絕。」所謂善建者，就是建立其德；而所謂善抱者，就是不脫於德；有德者，流風所及，會感化後世子孫，所以祭祀不絕。有德者，與道為一，於是能以道為我，其德乃永。所謂以道為我，其實就是忘我之我，不是真的有一個我，而是得道於心。這種得，與得於外物不同，而是放下所得，於是成其道德。老子又說：

脩之身，其德乃真。脩之家，其德有餘。脩之鄉，其德乃長。脩之國，其德乃豐。脩之天下，其德乃博。

「修之於身，他的德是精真的。修之於家，他的德是有餘的。修之於鄉，他的德能夠綿延。修之於國，他的德就會豐厚。修之於天下，他的德就能廣博。」有德之人，不但修於己身，而且能修於家、鄉、國，以至天下。修德於身，是得道於內，所以是精真之德。修德於家，是修身的餘緒，所以是「其德有餘」。修德於鄉，是修身的延續，所以是「其德乃長」。修德於國，是豐厚的德行，所以是「其德乃豐」。至於修德於天下，是廣博普及之德，所以是「其德乃博」。老子接著說：

以身觀身，以家觀家，以鄉觀鄉，以邦觀邦，以天下觀天下。

「以己身觀他身，以自家觀他家，以自鄉觀他鄉，以我國觀他國，以天下觀天下。」這就是推己及人之道。有德之人，不偏執自我，乃能無私，因此能施德於人。以己身所由之道，以觀他人，乃至家、鄉、邦國、天下。正是因為同一於道，而有其德，所以能觀於天下。老子又說：

吾何以知天下之然哉？以此。

「我如何知道天下也是如此？就是以此。」這裡所謂的「此」，就是「善建」、「善抱」的德。由於有德之人，不從無限之中畫出有限，不貪執佔有有限中之物，甚而放下自我，與道為一，所以他能以此推及天下，視四海之內皆為兄弟。正是因為有德之人，不求佔有，所以他能懷抱天下。莊子說，我們把小舟藏於山谷之中，仍會失去；但當我們不求佔有，而能藏天下於天下，就不會失去。以天下觀天下，亦是此意。也只有還天下於天下之人，不主宰，不把持，任天下人各由其道，令他們皆有路可走，如此就能善於懷抱天下而不脫失。以我之身，觀我身所由之道，而知他人他身亦有其所由之道，於是我不對人橫加干涉阻礙，令人我皆能各由其道，乃至於家、鄉、邦、天下，都是如此。這就是大道，否則便是無道。得之於道，這就是德。

如果我們從大道之中，界畫出自我，而有「我」與「非我」的分別，如此我便有所取捨得失。我總想有所佔有，甚至主宰他人，這是從自我之上起見。然而，就算是這個自我、這個有限的生命，都終將失去。只有銷解自我，不作「我」與「非我」的分別，不從大道之中限制出自我，而與道混而為一，這樣你就永遠不會失去。這是有別於得之在外，而為有德於內，於是「善建」、「善抱」這種德的人，便能夠「不拔」、「不脫」了。這種有德之人，既不貪執，因此能修之於身，同時能修之於人，以至修之於天下。

人之有限，就在於他有這麼一個自我，執持自身的生命；及其無執，不執人我，就能同一於無限。無限即是大道，同一於大道，於其自身來說，便是有德。有德之人，他的生命乃能進入純一。「一」就是不分別，沒有彼我，不分自他，甚至沒有來去、生滅，於是有德者乃能入於永恆。道是永恆之道，德是永恆之德。德乃是一個人純潔化一己的生命，而至於極致的境界。這時也無所謂與他人相別的一己，而是人我皆成，能以虛靈之心樂觀萬物之自然自爾。因此，老子說，如何知道天下亦是如此？就是以此。

夫天道无親，恒與善人

對於是否善有善報，惡有惡報的問題，各大宗教都有它們的教義，而且都是肯定的。各大宗教都肯定有鬼神賞善罰惡，都保證有死後世界，若然報應不見於現世，則必報於死後。老子就不認為天道會積極干預人間的善惡，道只是自然之道，故老子主張「天地不仁」、「聖人不仁」。如此，則人何以要行善、何以要有德呢？天道一任人之自然自化，雖不會強制人去行善，但按照自然之道，人會自然承受一己的善惡。因此，老子提出「勇於敢則殺，勇於不敢則活」，又指出「強梁者不得其死」，他並不正面提出道德教訓，而只是教人避免「兵強則滅，木強則折」，防止事情發展至不利的一面。根據經驗觀察，由於物極必反，所以我們最好的策略是少私寡欲，最寶貴的品德是慈、儉、不敢為天下先。天道不會賞善罰惡，但按照萬物自然的原則，無德之人會因為他的無德，而承受惡果。這就是老子所謂「天網恢恢，疏而不失」。劉笑敢老師指出，老子心目中的天道，不像宗教的萬有之主積極參與世事，而對於人的行為只有弱的決定性。這亦即是說，雖然善人不是無一例外地得到善報，但是大體而言，惡人最終會被自然之道淘汰掉的。換句話說，長遠來說，邪不能勝正。

因此，老子不正面教人一些行為規範，而是指出自然之道，教人怎樣做一個有德之人。所謂有德之人，並不就是倫理上的善人，而是能夠與道為一者。人之能夠與道為一，就在於他不從無限中界畫出有限，不執著自我；反之，放下自我，就像滴水之融入大海，而成為大海。有德者，便是能夠融入大道，而有得於內。所謂有得於內，不同得於外物，不同於佔有了一些東西，反之是一無所得於物，甚至是自我銷解，甚至連自我都不佔有。如此，就是有德。我念深重的人，往往執著於個人恩怨。因此，銷解自我的工夫就從放下恩怨入手。老子說：

和大怨，必有餘怨，焉可以為善？

「調和大的怨恨，必然會有餘下的小怨，怎樣可以叫做善呢？」恩生於怨，怨生於恩，恩恩怨怨，皆有執於自我而生。若然執於自我，縱使大怨和解，仍然會有小怨，這就不可以叫做善了。所謂善，就是放下自我，這樣就能與道為一而成為有德者。連自我都放下的人，又怎會還有恩怨呢？因此，老子教人從銷解恩怨入手。老子又說：

是以聖人執左契，而不以責於人。

「因此聖人執持左契，而不用來責求於人。」契分左右，是借貸雙方的合同。在這一句中，帛書甲本作「右契」，高明考究古代文獻，指出右契是財主的合同，用以責求對方，因此當以甲本為準。劉笑敢老師則指出，甲本抄寫本有脫漏，以殘本為準，令人難安。再者，老子尚左，以左為尊，執左契而不責於人，正合於老子的謙下待人的思想。聖人處於尊位，執左契，只為虛契，而不真的責求於借貸的人。這一句也是就銷解自我來說。老子又說：

故有德司契，无德司徹。

「故此有德的人執持虛契，無德的人求取於人。」關於「徹」之一字，歷來解說不一，有說過、失、通、剝、殺等義。然而，徹是周代的賦稅制度，此字當指收取款項的意思。有德者銷解自我，不佔有，不責求於人，而與道為一。反之，無德者執於自我，汲汲於世，於人多所責求，而於道有礙。至於人何以要有德，老子說：

夫天道无親，恒與善人。

「天道不會偏私，而常伴隨善人。」一方面，老子主張「天地不仁」；另一方面，又指出善有善報，惡有惡報。此處所謂善人，即不是有心行善、貪執德行的人；而是指「上德不德」的有德者。有德者放下一己之私，同一於大道，而能因順萬物。就其自然自化來說，有德者將因為自己的德行而得益。反之，無德者會處處碰壁，因著自己的缺陷而受到懲罰。於此，劉笑敢老師提出「人文自然之道」的觀念，他說：

《老子》哲學相信遵守人文自然之道的人可以減少或避免挫折與災難，而破壞人文自然之道的人最終會承受自己行為的後果。這是道的客觀的最終的決定作用，卻不是直接的對個人行為的懲罰或報應。[63]

又說：

天道不能保證伯夷、叔齊這樣的善人不受冤屈，不能阻止他們選擇死以明志，但可以保證紂王這樣的暴君遲早滅亡，無法善終。從道家的觀點看，違背天道之自然的人可以猖狂一時，不可一世，卻無法避免「物壯則老」的規律；遵循人文自然原則的人雖然不會顯赫一時，卻可以長泰久安，善始善終。[64]

所謂「人文自然之道」或「人文自然原則」，是指人文世界也是遵從道法自然的原則而運作，而遵從自然之道會令人文世界趨於和諧。反之，若違反了自然之道，人就會受到

63 劉笑敢，《老子古今：五種對勘與析評引論》（北京：中國社會科學出版社，2006年），頁742-743。

64 同上，頁743。

應得的教訓。劉笑敢老師多年潛心鑽研《老子》，所得甚深，而其中最重要的一點就是「人文自然之道」。的確，老子所說的「自然」，其非與「人文」對立。就在人文社會之中，也有它的自然之道。因此，人當效法自然之道。而「夫天道无親，恒與善人」，就是這種原則的總綱。

44 道生之而德畜之

物之所由，就叫做「道」，物之所得於道，就叫做「德」。比如君子之為君子，就在於他行君子之道，而行君子之道的人，就有君子之德。物各由其道，而各有具德。天下之物所共由之道，就叫大道；萬物所得於大道，就是玄德。因為萬物由大道而生，非有一物為主宰，而是物各由其道，這就是玄德。相對於大道而言，乃有玄德。就物之各得其道，乃各有其德；就物之得於大道，乃有玄德。大道是萬物之所由，物各自生，是謂大道。大道是就宇宙論根源地說。物遂其性，而不知其所主，是謂玄德。玄德是就宇宙論生成地說。大道是體，玄德是用，沒有離開大道的玄德。人效法大道玄德，於是人亦呈現出大道玄德，就是任物自生，不加主宰，對於天地萬物的生成，全然信任。人若具備玄德，就是不立一「我」，以與萬物相抗，甚至要求主宰天下，而成鐵桶江山。如果人君不以一己之見，臨於百姓之上，而是放開一步，任由百姓自然發展，維持不生之生的作用，那麼他便呈現玄德了。修道之人，若能減損一己欲望，不求自作主宰，而成一純粹觀照，樂觀天地萬物之自然，而成大自在，這便能成就玄德。成就玄德的關鍵在於忘我、無私、不偏，玄照天地萬物之生，乃能生「生」。玄德就是生「生」之德。關於道德的宇宙論意義，老子說：

道生之而德畜之，物形之而器成之。是以萬物尊道而貴德。

「道生出萬物而德蓄養萬物，物是它們的形構而器是它們的成效。因此萬物尊崇道而貴重德。」這是在宇宙論上，就萬物之根源、生成、形構與成效，而說「道」、「德」、「物」與「器」。萬物之所由與生成，皆本於道德，因此萬物都尊道而貴德。關於這一句，王弼本略有不同：

道生之，德畜之，物形之，勢成之。是以萬物莫不尊道而貴德。

其中最突出的分別在於，帛書中的「器成之」寫成了「勢成之」。所謂「勢成之」，是就物已成形，然後受環境趨勢而影響來說。至於「器成之」，老子就有「樸散則為器」的思想，道與器乃相對而言。因此，一頭是「道」，另一頭是「器」，乃完成整個宇宙論，因此本文取「器成之」一句。關於道德的尊貴，老子又說：

道之尊，德之貴也，夫莫之爵，而恒自然也。

「道的尊崇，德之貴重，不能給予爵位，而永久自然。」關於這一句，王弼本是這樣的：

道之尊，德之貴，夫莫之命而常自然。

所謂「命」，即是「爵」，王弼注解說：

命並作爵。65

「命」也是給予爵位的意思，道德常能自然而尊貴，決不會因人給予爵位而尊貴。帛書上又寫道：

道生之、畜之、長之、育之、亭之、毒之、養之、覆之。

「道生它、蓄它、長它、育它、安它、定它、養它、護它。」這都是道的作用。然而，在通行本中，中間一句卻作：

德畜之。

這便不是一條氣地讀成道的作用了。雖說「德畜之」也合乎上文，但這裡應是根源地就道來說。老子又說：

生而弗有也，為而弗恃也，長而弗宰也，此之謂玄德。

65　王弼，《老子道德經注》（臺北：世界書局，1996年），頁31。

「生長而不佔有，作為而不自恃，長養而不主宰，這就是玄德了。」玄德就是玄奧渺冥之德。一般的德行，人尚知施予者，總認識主事者，但玄德卻是不知其所施所主者，甚至根本沒有所施所主者。所謂玄德，即是指大道不生之生的作用。不生之生，就是沒有獨立實有作為先在的主宰，而是任由事物各自發展。就人主而言，就是維持一開放社會，而維持開放社會，就是防止一切阻止自由發展的妨礙。

關於這一章，陸希聲注解說：

夫物生而後畜，畜而後形，形而後成。其所由生者道也，其所以畜者德也。形其材者事也，成其用者勢也。萬物以能生，故尊道。以能畜，故貴德。道德以生畜之，故自然為萬物所仰，豈有授之爵位而後見尊貴哉？然道者真精之體，德者妙物之用，體可以兼用，用不可以兼體。道可以體德，德不可以兼道。故稟其精謂之生，含其炁謂之畜，遂其形謂之長，字其材謂之育，權其成謂之亭，量其用謂之毒，保其和謂之養，護其傷謂之覆。此之謂大道。既生之而不執有，既為之而不矜恃，既長之而不宰制。此之謂玄德。《營魄章》言人同于道德，今此章言道德同于人，是以其辭同而其理通也。[66]

「物生出而後得以畜養，畜養而後得以形構，形構而後得以成效。它所由生出的是道，

66 焦竑，《老子翼》（上海：華東師範大學出版社，2011年），頁127。

它所得以畜養的是德。形構它的材質的是事，使它成效的是勢。萬物因為能生出，因此尊崇道；因為得以畜養，因此貴重德。道德用以生出畜養它，因此自然受到萬物所仰賴，豈會因授予爵位而後才見尊貴呢？然而道是真精的本體，德是妙物的作用，本體可以兼具作用，作用不能兼具本體。道可以體現德，德不可以兼具道。因此稟受它的精就叫做生，含具它的炁就叫做畜，順遂它的形就叫做長，字養它的材就叫做育，權衡它的成就叫做亭，量器它的用就叫做毒，保持它的和就叫做養，護理它的傷就叫做覆。這就叫做大道。既生出它而不執持，既作為它而不矜持，既長養它而不宰制。這就叫做玄德。《營魄章》說人同於道德，現在這一章說道德同於人，因此它的文辭相同而它的道理相通。」這裡有兩點值得注意。其一是「道生之、畜之、長之、育之、亭之、毒之、養之、覆之」是述說大道，而「生而弗有也，為而弗恃也，長而弗宰也，此之謂玄德」是談論玄德。另一是這一章是就宇宙論的根源與生成來說，好像有一種大道玄德的客觀姿態，彷彿道德是獨立實有的樣子。然而，這不過是一種姿態，是一種表述的方式而已。然而，物由之而成道，物自得而成德，沒有脫離萬物的生成而有道德。大道也好，玄德也好，是一種境界所體現的體用。

玄德就是由人之放開一步，樂觀萬物之自生自得，所具備的生「生」之德。大道不主宰萬物，人亦不把持天下，大道與人皆不直接生物，而是排除一切不利的因素，使之自生。既生出萬物之生，又不貪執佔有，亦不主宰把持，這就是玄德。玄德就是玄奧渺冥之德，因此是深不可測，不能窮究的。若人能行於大道，那麼他就能具備這種玄奧渺冥之德了。

玄德深矣，遠矣

老子對於「智」與「愚」有獨特的看法。一般來說，我們總以為用聰明智慧，把世事牢牢掌控是件好事。不但為人處世如此，治國安邦更是如此。反之，老子卻認為，用智慧去掌控事物，不是一件好事；對於世事，我們不用智，而用愚。老子甚至主張人君對於百姓，都是要使之愚，不令生智。因此，有不少學者批評道家是中國哲學的反智傳統，是要用愚民政策，來馴服百姓，甚至有學者指出，老子是一個權謀家、詭計家，愚弄天下蒼生。其實，老子是反對人君以智慧機巧去愚弄百姓的，他主張連君主自己都要抱持「愚人之心」，因此在老子思想之中，並不存在以智愚民的問題。此外，又有人批評老子反對知識，是要回到上古時代的原始社會，而反對一些經驗知識上的進步，開歷史的倒車。其實，道家所謂的「愚」，並不反對經驗知識。我們總需經驗知識應付生活需要，這樣的看法未免將老子看得太低。其實，老子所謂的「愚」，是指沒有機巧的淳樸之心。一般人用智，也是求自我能夠主宰事物，因此自我的觀念是十分深厚。有了自我，就有「我」與「非我」之分，便不能夠與道為一。所謂與道為一，正是要打破自我的界限，進入渾化的狀態，回復赤子之心，因此必須去智存愚。老子對於「智」與「愚」有十分獨特的看法，是專就人之是否有機心，是否執著自我去掌控事物而言，所以老子所言的「愚」，不就是反智的意思，而是指反璞歸真。

玄德是指一種不把持、不主宰、不佔有，讓萬物各由其道，各遂其性的德行。因此，具備玄德的人不會用機心智巧去愚弄別人，他是要與人一起回復「愚人之心」，使之回歸於大道。相對於大道而言，乃有玄德，玄德乃是遵從大道的玄奧渺冥之德。因此，老子說：

古之為道者，非以明民也，將以愚之也。夫民之難治也，以其智也。

「古代為道的人，不是以智慧開發百姓，而是使之歸於淳厚愚樸。百姓難以治理，就是以其智慧。」所謂智慧太多，一方面，在上位者用智巧治民；另一方面，百姓以智巧應對於下，彼此皆不能釋然。在老子的心目中，政治是使人達到圓滿人生的手段，而圓滿的人生不能勉強，只能靠人各自努力，而為政者不過是要提供自由發展的空間，使大家的自由發展免受傷害。因此，老子又說：

故以智治國，國之賊也；以不智治國，國之德也。

「因此，以智巧來治國，是對於國家的賊害；不以聰明來治國，是對於國家的德行。」關於後一句，通行本作「國之福」，但相應於下面所講的玄德，當作「國之德」。不以智巧聰明治國，即是不以機心來掌控百姓，亦不令百姓以智巧聰明來應對，而彼此相忘，都回復到一片天真淳厚。依道治國，不以智慧，乃有其德。老子又說：

> 恒知此兩者，亦稽式也；恒知稽式，是謂玄德。

「恒常知道這兩者，亦是楷式。恒常知道楷式，就叫做玄德。」所謂「兩者」，是指「以智治國」和「不以智治國」的正反兩面，知道這兩者，就能夠知道治國的楷式，就在「愚」之一字。能夠知道楷式，以愚治國，就是玄德了。關於玄德，老子又說：

> 玄德深矣，遠矣，與物反也，乃至大順。

「玄德很深，很遠，與事物的常情相反，乃至於令百姓大順。」玄德視之不見，聽之不聞，沒有一定的作為，不像一般可見的行為。比如我伸手助人，這行為明顯可見，但玄德是放開一步，不積極干涉別人，使之自力更生，自己成就自己，所以是不可見聞的。玄德是玄奧渺冥之德，因此很深、很遠，與一般情況相反。一般我們以正求正，希望以好的行為求好的結果，玄德與此相反，是以不作為，以令天下百姓大順。於此，劉笑敢老師說：

> 「玄德」不僅包括以反彰正的意思，還隱含著以反求正的思想。「與物反矣，然後乃至大順」看起來與一般的做法相反，結果卻是「大順」，超過了一般做法的效果。所以，老子的「反」不是簡單地否定「正」或「順」，而是要達到更高水平的「正」或「順」。不是簡單地否定

世俗的做法和價值觀念，而是要超越世俗的做法和價值原則，達到世俗之「正」所達不到的更高境界，即「大順」。[67]

這裡所謂的世俗的做法和價值觀念，就是指「智」。世人皆求以智慧去控制事物，以達到好的結果；老子則提出以「愚」來達到更好的結果。老子是要超脫世俗的做法和價值原則，達到天下百姓「大順」。這種不求以智慧來控制，而達到更好結果的原則，是一種更為高超的做法。批評它是反智愚民的權術，是錯誤的。將之視為反對知識的愚昧主義，也是不當的。與其稱之為「反智」，不如名之為「超智」，老子乃是一種超越世俗智慧的思想。

玄德是服膺大道的德行。大道就是天下人各由其道，皆有道路可走的意思。道不是一主宰，不是把握各人命運的實有，它甚至不是積極干涉萬物自然的原則。要效法大道，就是放開一步，使物各自生，各遂其性，這就是玄德。具備玄德者，不以智巧來掌控事物。玄德深遠，乃是玄奧渺冥之德。玄德不是反智，而是超脫智慧聰明，於是我們可以稱老子思想為超智主義。

67 劉笑敢，《老子古今：五種對勘與析評引論》（北京：中國社會科學出版社，2006年），頁638。

孔德之容，唯道是從

「孔德」就是盛大之德，盛大之德者乃能對於大道有真切的體會。道是萬物之由，德是得之於內，有得於道。就一般之物而言，都是可以經驗的，可以名狀的。但就道體來說，它是無物之物，無象之象，也只有人心歸於虛靜，入於恍惚狀態，才能體會道之本體。至於道之作用，就是任萬物之自化，人能夠從自身的生命意志，領略道之作用。前者是無，後者是有，合無有二者，便是道。就從無有之間，我們能夠體會萬物出入之機。出入即是生滅，萬物生生滅滅，而道體本身無所謂生滅。孔德就是能夠順應這個使萬物生滅的不生不滅者。具備孔德之人，一方面能夠體會無，即是道之本體；另一方面又能領略有，即是道之作用。老子說：

孔德之容，唯道是從。

「孔德的容貌，唯獨是順從於道。」孔德之人，是修道者之極致，於是能體現大道。所謂大道，不是有一實物主宰萬物，而是萬物各自所由的原理。道不直接生物，而是物各自生，大道就是不生之生之道。關於道，老子又說：

道之物，唯恍唯忽。忽呵恍呵，中有象呵；恍呵忽呵，中有物呵。

「道是這樣的東西，它是恍惚，惚啊恍啊，其中有象，恍啊惚啊，其中有物。」這裡所謂的「物」，不就等於現代漢語中的物質，有人因此將老子解釋成唯物論者，那是失旨的。所謂「有物」，大概就是有個東西。這裡老子所抒寫的，乃是就孔德者靜坐冥想時，進入恍惚狀態，而體會道體來說。至於就其對於道用的領略而言，老子說：

幽呵冥呵，中有情吔。其情甚真，其中有信。

「幽深渺冥，中有實情；它的實情甚為真實，其中更可以信驗。」這不但是就道之本體論來說，更就道之宇宙論作用而言。它是真實的，而又有信驗的。道之作用於萬物，一如作用於我們自身，都是可以信驗的。我們從自身的欲望，領略到生命意志，因此了解到萬物都具備了這種生命意志。關於這句，王弼本乃作：

窈兮冥兮，其中有精。其精甚真，其中有信。

有學者認為「精」是指原始的基質，因而生化萬物，然而據馮逸的考證，「精」當作「情」，正如《莊子．大宗師》中「夫道有情有信」一句所印證。「精」當為「情」之借字。

老子又說：

自今及古，其名不去，以順衆父。吾何以知衆父之然，以此。

「從古至今，它的名不失去，所以因順眾父。我如何知道眾父之如此，就是以孔德之容了。」此處所謂「眾父」，是指萬物各自之所始。又，「眾父」不脫上古時代母系社會的色彩，道乃是天下母，是萬物的創造原則；至於萬物的實現原則，就在於眾父。天下之母，乃因順萬物之眾父，使萬物各有其兆始。老子何以知道它是如此，就憑藉孔德之容。

關於這一章，王船山評論說：

兩者相耦而有「中」。「恍惚」無耦，無耦無「中」。而惡知介乎耦，則非左即右，而不得為「中」也？「中」者，入乎耦而含耦者也。雖有堅金，可鍛而液；雖有積土，可漂而夷；然則金土不能保其性矣。既有溫泉，亦有寒火；然則水火不能守其真矣。不銑而堅於金，不厚而敦於土，不暄而炎於火，不潤而寒於水者，誰耶？閱其變而不遷，知其然而不往；故真莫尚於無實，信莫大於不復，名莫永於彼此不易，而容莫美於萬一不殊。私天之機，棄道之似，夫乃可字之曰「孔德」。68

「兩者相對而有所謂『中』。『恍惚』就是沒有對偶，沒有對偶就無所謂『中』。而

68 王夫之，《老子衍　莊子通　莊子解》（北京：中華書局，2020年），頁14。

怎知介乎對偶，就是非左即右，而不可以是『中』呢？『中』者，入乎對偶之中而含具對偶。雖然有堅固的金屬，可鍛鍊而液化；雖然有堆積的泥土，可漂洗而夷平；然則金土不能保持它的真性了。既有溫泉，也有寒火；然而水火不能保守它的真性了。不光澤而比金堅固，不堆積而比土厚重，不溫暖而比火炎熱，不潤澤而比水寒冷，是甚麼呢？經歷變化而不遷移，知道其然而不前往；因此真莫尚於沒有實有，信莫大於不復返，名莫永久於彼此不變，而容莫美於多少不別。自通天機，放棄貌似之道，於是可以叫做『孔德』。」所謂「中」，就是非分別，不偏於左或右。然而，不偏左右，就是非分別了嗎？從概念分析來說，有「中」就有「非中」，「非分別」就與「分別」分別。也只有放下概念思考，才能真正進入「恍惚」，亦即是恍惚狀態。既然恍惚，就沒有生滅的分別，因此進入永恆。這就叫做「孔德」了。孔德之人，就是與道為一之人。

總括來說，上德之人就是不自以為有德，保持不生之生的作用的人。道是德的形上根據，德是道的具體表現。通過德，大道能夠實現於世間。也只有有了德，仁、義、禮才能得以真正成全。上德就是自然而然，而不是前識者，前識就是預先執持仁、義、禮的標準，外鑠於人，形成人性的桎梏。上德就是返回人的性情，滿心而發，而成就一切文化。玄德就是生而不有，為而不持，長而不宰的德行。玄德是玄奧渺冥之德，視之不見，聽之不聞，因它是相對於一般具體的德行，而放開一步，任物自生，各遂其性，而為生「生」之德。至於孔德，就是與道為一，同時體會無與領略有。孔德之人，就是唯道是從的體道者。

十三、無為

47

无為而无不為

對於「無為」，歷來學者有不同的解釋，而他們大多將之視作一種行為。比如郭世銘將「無」界定為「天地之始」，即是沒有原因的、原初的意思，因此「無為」就是一種自由的行為。至於牟宗三就將「無」視作動詞，「無為」就是去掉人為造作。其實，去掉人為造作，最後就是歸於不作為。因此，有學者把「無為」翻譯為英文時，就取其字面的意思，將它譯做「不作為」。所謂不作為，是相對作為來說，一般人的作為，為善也好，為惡也好，就是憑著一己之見，去主動作為。「無為」，就是不採取主動，不是積極地行動，也就是歸於一種被動的、因順的，甚至是放任的態度，去觀看事態的發展。相對於積極自由地行動，無為是消極的，是人放開一步，作為一個純粹觀賞者，觀萬物之自化。因此，無為不是我自由地行動，反之，是成就萬物自由的消極因素。就此而言，無為就是與道為一，而有其成就萬物之德。無為，也就能有所得於內，有得於道，於是有德。老子說：

為學者日益，聞道者日損。

「學道者務求日益增廣見識，至於聞道者就務求日漸減損。」由於學道者不知道道之為物究竟是甚麼，也不知道為道的方法，所以只好四出尋覓，增廣知識，務求聞道。至於一日聞道，就知道道不在多聞，而在於放下自我，因此須要日漸減損。所謂減損，就是減損自我，包括對於知識、偏見的執著，亦包括主動的作為，也包括放下自由。自由就是有一獨立自主的自我，就是從自然統一之中破裂，有了自我與自然系統的對立。自我既要超出自然生命，而得以自由，那麼生命就分裂為二，一是自由意志，一是由此反照出的自然生命。與道為一，就是回復生命的無限，不再破裂而自我界限，復歸於和諧統一。因此，老子教聞道者減損自我，甚至是減損自由，而成就萬物的自由，所以道家是超過自由的考慮，而是超自由的思想。老子又說：

損之又損，以至於无為。

「減損又再減損，以至於無為。」減損一切自由自主的作為，以至於無為。「無為」就是不作為，就是採取完全被動的狀態。這就是與道為一的境界。不少密契主義者，例如聖女大德蘭，提到與主合一的境界，就是完全委順，不自作主張，處於被動，聽任上主之進入。埃克哈特大師又指出，這就是神貧，而《聖經》上說，神貧的人是有福的，因為天國是屬於他們的。就這一點來說，老子哲學也帶有密契主義色彩。老子繼續說：

无為而无不為。

「無為而能令無不作為。」正是因為修道者不自作主張、不作為，所以能放開一步，任物各自生，各遂其性，他不生物，而能生「生」，於是有生「生」之德。這是就不主宰、不把握、不佔有來說，而消極地成就一切。這是因道而有德。鳩摩羅什解釋說：

> 損之者無麤而不遣，遣之至乎忘惡，然後無細而不去。去之至乎忘善，惡者非也，善者是也。既損其非，又損其是，故曰「損之又損」。是非俱忘，情欲既斷。德與道合，至于無為。己雖無為，任萬物之自為，故無不為也。[69]

「減損自我的人沒有粗糙而不排遣，排遣粗糙而至於忘掉惡，然後沒有細微而不去掉。去掉細微而至於忘掉善，惡就是非，善就是是。既減損其非，又減損其是，因此說『損之又損』。是非一併忘斷，情欲已然斷絕。德行與道合一，至於無為。自己雖然無為，但是放任萬物之自為，所以是無不為。」不突出自我，一體鋪平，我不作為，而令萬物之自為。如此，我袖手旁觀，作為一個純粹的觀賞者，樂觀萬物自然，而生「生」不息。因此，我不作為，而又能觀乎萬物無所不為。老子又說：

> 取天下，恒无事；及其有事也，不足以取天下。

69 焦竑，《老子翼》（上海：華東師範大學出版社，2011年），頁119-120。

「取得天下，以恒常無事；及其有事，就不足以取得天下。」所謂「取天下」，不也是要行動，作為天下之主嗎？那不是就與無為之旨要發生衝突了嗎？其實，先秦文獻中的「取國」、「取邑」，乃至「取天下」，有他人歸屬而易得之義。所謂「取天下」，是不作為，而因順天下。我不作為，令物各自化，與道合一，而有生「生」之德，萬物自然歸附。這就是「取天下」之義。取天下，不以力爭，不以智取，而是以不生之生之德，令天下歸順。這仍然是就與道合一來說。

「無為」就是與道合一，於是「無不為」就是有生「生」之德。我不直接生物，而是任萬物之自生，因此是間接地生「生」，於是有德。老子的智慧就在於教人「無為而無不為」，就在於減損一己之自由，而成就萬物之大自由。老子的考慮，乃有過於一般的自由，而有更好的結果。因此，老子哲學乃是一種超自由的思想。無為，就是處於完全被動的狀態，是絕對的觀賞者樂觀萬物；無不為，就是成就萬物之自為。這就是因道而有德。

吾是以知无為之有益

有人問，何以修有為法會達到無為。其實問這問題的人，誤會了無為的性質。他以為有為之外，另外有一作為，叫做「無為」；卻不知否定有為，而不作為，便是無為。因此，所謂無為法，不是要你去修一個有為來達到的。反之，放棄一切有為，損之又損，就能夠達到無為，就能夠與道為一了。有為一下子翻過來，就是無為。

無為就是不作為，任由萬物自化，樂觀天地之生生不息。有為或能生物，無為卻能生「生」，無為者具有不生之生之德。無為者，即不是一個行動的主體，而是不求作為，成為純粹的主體，就是一個純粹的觀賞者。對於萬物之自然，無為者因順自然，而袖手旁觀。無為者生而有這個意識，能夠張開眼睛看這個世界，他就極力張望。他是要對於宇宙萬物，作藝術式的觀賞。因此，他的觀賞不摻雜有為者的利害、善惡、功用等觀點，是純就自然來觀看自然，因此是以道觀道。

無為者同一於道，而觀看道之自身。用黑格爾的話來說，就是精神之在其自己，而對其自己，而成為精神之在其自己並對其自己。無限之破裂出這個意識，這個意識同一於道，而又觀於道。於是一切有限皆為無限所滲透。從有限的觀點看，好像有限之外，另有無限之體。但從無限的觀點看，就無所謂界限，一切皆在道之中，也沒有所謂萬物之外獨立實存的道體。無為，就能恢復無限的身分。因此，老子說：

天下之至柔，馳騁於天下之至堅。

「天下的至為柔順，穿透天下的至為堅固。」在老子的心目中，天下之至柔，莫柔於水，水是天下至為柔順的東西。然而，滴水可以穿石，乃至滲透大地，浸潤至為堅固的金石。水尚且有形有相，道則為無形無相，因此道要比水更有浸透力。老子說：

无有入於无間。吾是以知无為之有益也。

「無有透入於沒有間隔，我因此知道無為之有益。」道是無限的，因此它作用於一切有限之物之中，而滲透一切有限。一切有限者皆不能拒絕道的妙用。而無為就是恢復心靈的無限妙用，與道為一。既恢復心靈的無限妙用，與道為一，因此無為者的心靈能夠作用於有限的事物，而不覺有礙。無為者，以虛無為用，能夠因順萬物，樂觀其生，自由其道，各遂其性。無為者，乃能不生而生，乃能有生「生」之德。老子又說：

不言之教，无為之益，天下希能及之矣。

「不言的教化，無為的益處，天下很少能及於它了。」我們以為聖人一定要有所作為，成就善事，卻不知道不作為，放開一步，而令萬物之自為自化，更為有益。天下人不知無為之有益，唯有道者能夠知之、行之，而所謂行之，亦不過是不作為而已。無為，乃能虛靜，而與道為一；能夠與道為一，乃有不生之生之德。對於這一章，憨山大師說：

> 此承上言無為之益，以明不言之教也。然天下之至堅，非至柔不足以馳騁之。如水之穿山透地，浸潤金石是已。若以有入有，即相觸而有間。若以空入有，則細無不入。如虛空徧入一切有形，即纖塵芒芴，無所不入，以其虛也。若知虛無之有用，足知無為之有益矣。前云人不善教人者，以其有言也。有言則有跡，有跡則恃智，恃智則自多。自多者則矜能而好為。凡好為者必易敗。此蓋有言之教，有為之無益也，如此。則如不言之教，無為之益，天下希及之矣。[70]

「這是承接上部分說無為的益處，以說明不言的教化。然而天下的至為堅固，不是至為柔順的不足以穿透它。比如水之穿山透地，浸潤金石就是了。如果以有入有，即互相抵觸而相拒有間。如果以空入有，則沒有細微的地方是不能入的。如果虛空普遍入於一切有形之物，即使是纖塵不可捉摸，無所不入，因為它是虛空的。如果知道虛無之有用，就足

70 憨山大師，《老子道德經憨山註　莊子內篇憨山註》（臺北：新文豐出版有限公司，2004年），頁104-105。

以知道無為之有益。前面說不善教人的人，因為他有言說。有言說就有形跡，有形跡就自恃智能，自恃智能就自以為多。自以為多就矜持能力而喜好作為。大凡喜好作為必然容易失敗。這大概是有言的教化，有作為的無益。如此，則如不言的教化，無為的益處，天下很少能達到了。」憨山大師的這一番話，指出了不言之教，無為之有益。能夠以無為而與道為一，能以虛無為用，以無入有，乃至於纖塵芒芴，那就是無為的妙用了。無為而能通於本體，無不為而能夠達到妙用，無為而無不為，就是通體達用了。

無為，就是不作為。能夠虛靜，就能入於無之本體。所謂無為虛靜，就是成為一純粹主體，觀看萬物之自化。這就是由遵從大道，而有的不生之生之德。無為乃能有德。有為即是有形，就會與物相礙；無為則無跡，不從無限之中畫出界限，而能成為無限。能從無限的觀點看，而觀於無限，就是以道觀道。無為，就是從破裂之中，回復與自然的和諧統一。以虛無為用，乃能滲透一切有限之物。這就是不立一「我」，以與無量的「非我」對立，而是回復無限的體性，而有心靈的無限妙用，樂觀萬物之成，有如自己之成。

對於一隻蝙蝠所經驗的世界是如何的，我們只能從其外在特徵加以推測。我們知道蝙蝠感知經驗世界，不靠視力，而是靠音波反射，它就好像一個雷達一樣。我們可以在外在觀察，類比蝙蝠的感知方式，但對於蝙蝠的內在世界，我們終難知曉。就算在人與人之間，我們都難以知道別人的第一身經驗。我甚至不知道我所看到的紅色，與別人所看到的「紅色」是否一樣。世界就如一個唯我的世界，它永遠都是我所看成的模樣，過此以往，客觀存在是怎樣的，我們大概可以存而不論。對於我們意識之外，是否有客觀事物存在，就有唯心論與現象學之分，正如佛家有無相唯識與有相唯識一樣。既然世界只是我們心靈所看成的樣子，哲學家憑藉對於心靈的先驗結構的分解，來認識自然界的先驗結構。因此，現代哲學乃由自然哲學，而轉向人學，一如中國哲學一直以來就是以心性論為主流。

因為人的心性之中，具備了事物之理，因此古代哲人認為，萬物皆備於我，而我們只要反求諸己，求之於自己的心性，就能夠了解事事物物的存在之理。如果從認識論上說，只要我們對於思維的法則加以探索，研究邏輯，就能夠知道宇宙的存在理則。這亦是西方哲學之中，「思有合一」之義，世界事物的情態，總不能違反邏輯律而存在的。這亦是之所以「邏各斯」既有思考言說的法則之義，也有世界存在的必然規律之義。李天命老師曾說，宇宙的最深秘密，就存在於模態邏輯之中，大概是出於以上的理由。李老師又曾說：「邏輯可能宇宙能。」這就是指出邏輯的可能性，就是宇宙的可能性。世人往往缺乏遠見，欠缺想像力，而昧於宇宙的可能性。李老師此語，可說是探討形上學的一盞明燈。

中國哲學不大重視自然哲學，甚至不大重視經驗知識的研究，只因中國哲人太快把認識之光，收回來轉向人的心性自身。這在西方哲學，要到了十八世紀的康德，才發生所謂的哥白尼式革命，把哲學的探討對象落在主體性，而成就哲學人類學。中國哲學不像西方哲學長期經歷客觀主義，才折回來，成功主觀主義。老子甚至不主張對於經驗世界的客觀認識，而提倡不向外認知、不行動、不作為，而歸於無為。老子說：

不出於户，以知天下。不窺於牖，以知天道。

「不出於門戶，因而認識天下。不窺於窗牖，因而了解天道。」所謂天下存在之理，就在人的心性之中。因此，我們不必走出門戶，逐一地經驗事物，而求得它們的存在之理，也不必打開窗牖，以窺看天道。我們不必向外看，而須把目光收回來，放到自身心性之上，以了解道理。老子又說：

其出也彌遠，其知彌少。

「人們出走得愈遠，他們所知就愈少。」這是因為當人們的心思愈向外追逐，他們就愈不認識自身。人們儘可對於經驗事物加以研究，但他們卻不能從經驗事物之中，求得存在之理。存在之理屬於本體界，而經驗事物屬於現象界，也只有把心思轉回來，不思考事物，而是思考思考本身，我們才能發現經驗之所以為經驗的先驗成素。因此之故，人心愈向外探索，對於心性所知愈少，離道也就愈遠。老子又說：

是以聖人不行而知，不見而名，弗為而成。

「因此聖人不行動而知道，不看見而命名，不作為而成功。」所謂「不作為而成功」，是這一章的總結，就是表達了無為的思想。當人對外作為的時候，他的心思就離自身愈遠；只有歸於無為，人才能省思在其自身之道。道不遠人，道就體現在人的心性。所以人要無為，不作為就能讓道體呈現。人不作為，就如道不作為，任萬物之自化。無為，就是歸根復命，就是回歸之道。關於這一點，蘇轍解釋說：

性之為體，充遍宇宙，無遠近古今之異，古之聖人其所以不出户牖而無所不知者，特其性全故耳。世之人為物所蔽，性分于耳目，內為身心之所紛亂，外為山河之所障塞，見不出視，聞不出聽，户牖之微，能蔽而絕之。不知聖人復性而足，乃欲出而求之，是以彌遠而彌少也。

> 性之所及，非特能知能名而已，蓋可以因物之自然，不勞而成之矣。[71]

「性作為本體，充斥遍及宇宙，沒有遠近古今的差別，古之聖人之所以不出門戶而無所不知，只是因為他們保全自性而已。世人被事物所蒙蔽，性分之於耳目，內為身心之所紛起擾亂，外為山河之所障礙阻塞，所見不出於視力，所聞不出於聽覺，窗牖的微小，就能夠遮蔽而斷絕本性。不知聖人恢復本性而充足，於是希望出外而求得它，因此愈遠而愈少了。性之所遍及，不只是能夠知道、能夠命名而已，因可以因順事物之自然，不勞動而成功它了。」蘇轍指出，所謂「不作為而成功」，就在於恢復本性而已。恢復本性，即是無為而無不為，不作為而因順自然，令萬物之成功其自己。人不但能不出門而知天道，而且能夠無為而成就天下萬物。這就是不生之生了。

總括而言，無為就是不作為，處於被動狀態，因順萬物自然，因而與道為一。無為，就是放開一步，任物自由，各遂其性，所以能夠無不為。無為，就是不從無限之中畫出界限。從有限的觀點看，好像在自我之外，另有道體；但從無限的觀點看，就無所謂界限了。與道為一，就是自我銷解，回復無限的身分。道就在人心中。只有無為，才能夠恢復本性。性之為體，遍及宇宙。一無限，一切無限。復性乃能見道。

71 焦竑，《老子翼》（上海：華東師範大學出版社，2011 年），頁 118。

十四、自然

能輔萬物之自然，而弗敢為

劉笑敢老師認為「無為」是概念簇的代表，它概括了「無名」、「無事」、「無知」、「無欲」、「不知」、「不爭」、「不欲」、「不敢」等否定式的概念，而反映對於世俗行事方式與價值觀念的省思。劉老師又指出，「無為」既是老子哲學中的行事原則，而它又指向老子思想的最高目的——自然。老子提出「無為而無不為」，我不作為，而任萬物之自化，萬物自然、社會和諧就是為道者所嚮往的目標。世人事事皆要求有所作為，憑藉一己之見，干預世道的發展，但老子卻反其道而行，因順萬物，放之自由發展。這可是對於天地萬物，乃至人性有高度的信任。自然就是老子哲學中的最高價值。關於無為而任物自然，老子指出在最初一念下手，最為重要。他說：

其安也，易持也。其未兆也，易謀也。其脆也，易破也。其微也，易散也。為之於其未有也，治之於其未亂也。

「它安定的時候，就容易持守。它未兆始之時，就容易下工夫。在它還是脆弱的時候，就容易看破。在它還是微小之時，就容易驅散。下手之於它未萌發之時，治理之於它還未散亂之時。」這是就人的行動來說，而心念就是人的行動之始。因此，就在作為之前，持守心念，安守於一念未生之時，而無為無作，就是任物自然的最佳方法。至於心念欲望初起，還是脆弱微小的時候，我們就要看破它，把它驅散，復歸於無為。於是，我們可以保持心靈的純粹，而樂觀萬物之自然。自然之德，就是由無為工夫下手。這是就行事之謹慎開始來說，老子又說：

合抱之木，生於毫末。九層之臺，作於虆土。百仞之高，始於足下。

「人們合抱的樹木，生於纖毫之末那樣小。九層的高臺，作於一竹器的泥土。爬上百仞高的山，開始於足下起步。」是對也好，是錯也好，大事總得由小事開始做起。大錯的鑄成，往往由於很小的過失；而建立大功，就由小的善事做起。老子又說：

為之者敗之，執之者失之。是以聖人无為也，故无敗也；无執也，故无失也。

「作為的人就會失敗，執著的人就會失去。因此聖人無為，所以不會失敗；沒有執著，所以不會失去。」一切作為終歸失敗，只因一切有為之法，都會經歷成、住、壞、空的過程，而終歸於銷亡。因此聖人無為，亦不執持作為，竊竊然自以為成功。反之，聖人無為，因順萬物，樂觀萬物之自然，所以有自然之德。老子繼續說：

民之從事也，恒於幾成事而敗之，故慎終若始，則无敗事矣。

「百姓之從事於務，常常於幾乎成功的時候而失敗，因此謹慎終結，就如謹慎開始，則事情不會失敗。」老子上面說，我們於開始的時候，謹守心念，不胡為妄作，不干預萬物，任物自然；至於在終結之時，當萬物並作，而快要有好結果時，亦須謹慎。如此善始善終，就不會失敗了。這樣持守自然之德，自然能成大功。老子又說：

是以聖人欲不欲，而不貴難得之貨；學不學，而復衆人之所過；能輔萬物之自然，而弗敢為。

「因此聖人欲人所不欲，而不貴重難得的貨財；學人所不學，而復補眾人的過失；能夠輔助萬物之自然，而不敢作為。」眾人所欲，皆是一己之榮華富貴，聖人則欲人之所不欲。眾人皆學堅持自我，而聖人則學人所不學，學放下己見，復補一己之過。這就是無為，就是反世俗之道而行。因此，聖人有自然之德，而能行於不生之生之道。

劉笑敢老師指出「無為」乃是「實有似無」的行為。他指出「自然」有三個層次，而這一章所論的，就在於聖人與百姓的關係，而且老子提到一「輔」字。劉笑敢老師說：

本章聖人能「輔萬物之自然」中的萬物可以是統稱，也可以是單稱。「輔萬物之自然」就要落實到萬物中的每一個個體，否則「輔萬物之自然」就是大話、假話、空話。所以，老子之自然作為價值、原則就包括了對一切生存個體的尊重、關心和愛護，這就是老子的自然的第三個層次。「輔萬物之自然」就是不僅照顧、關切整體的發展，而且要讓一草一木、一家一戶、一鄉一邑、一邦一國都有正常發展的環境和空間。這是整體的自然和諧的基礎和條件。「輔」就是創造環境，提供條件，加以愛護，防止干擾、控制。「弗能為」就是不直接設計、掌握、操縱和控制。「輔萬物之自然」與「弗能為」本質上就是一回事，是一體之兩面。它不是一般的行為，所以可以說是無為；但它畢竟對萬物之自然發展產生了輔助的功能，所以也可以說是一種特殊的行為或行為方式。因此，我們也可以說這是一種「實有似無」的行為和行為方式。[72]

誠然，「輔萬物之自然」與「無為」確是一體兩面。所謂的「輔」，不是積極地規畫、設計、操持、掌控，而是排除這些作為，讓出生存的空間，而令一草一木、一家一戶、一鄉一邑、一邦一國都有正常的發展。因此，「輔萬物之自然」是一種負的方法，就是減損干預。這亦是所以劉老師提出「人文自然」的原因了。在老子眼中，聖人無事取天下，不是有作為地取得，反而是令百姓自然，社會和諧。「自然」不是與「人文」對立的概念，而在人文社會之中，也須有自然的發展。

72 劉笑敢，《老子古今：五種對勘與析評引論》（北京：中國社會科學出版社，2006年），頁625。

成功遂事，而百姓皆謂我自然

自然，是老子政治哲學中最高的目標。老子所謂的自然，不同於霍布斯所說的「自然狀態」。霍布斯為了論證政府的合理性，就假定一種「所有人與所有人為敵」的自然狀態。在這種自然狀態之中，人類不但不受法律的保護，而且陷入弱肉強食的危險境地。於是，人們須要建立政府，並把部分權力交給政府，好維持社會秩序。當然，霍布斯只是理論上假定有這麼一種自然狀態，而不是對原始社會作出客觀描述。這種假設乃建立在一種人性論之上，霍布斯大概認為人的天性就是自私自利，甚至會損人利己，而無所不用其極。因此，人民順理成章就需要一個作為守護者的政府。政府的合理性就建基於對人性的不信任之上，人要避免陷入自然狀態，就需要社會契約，就是人與人之間訂立盟約，交權給政府管治。然而，老子政治哲學背後的人性論，就與霍布斯恰恰相反。老子心目中的自然之道，就是減少政府對百姓的干預，乃至於盡量不作為，而放開一步，讓百姓自己如此。自然之所以值得珍惜，是因為老子對於人性非常信任，只要社會不扭曲人性，它自然就會好的。老子的政治哲學，乃是基於對人性的信任，而達到一種無為而治的和諧狀態。這種和諧的社會狀態，劉笑敢老師稱之為「人文自然」，即是人文社會達到百姓自然而然的狀態。

這種對於人性的信任，以及對於人文自然的提倡，也許是一種較保守的政治主張。只要百姓能自己好好生活，政府就不必有大的作為，甚至不必有所改變。因此，老子不但對於政府改革有所保留，甚至對於偽先知根據意識形態，要鼓吹天翻地覆的革命，都不會贊成。自辛亥革命以來，中國經歷一場又一場的政治文化運動，人們習慣了歌頌革命，而且變得越來越激進，以致社會變化劇烈，百姓無所適從，生活沒有保障。今天的我打倒昨天的我，明天的又會打倒今天的，過去的努力都被否定，乃至出現純否定的哲學，強調無止境的革命，實行永無寧日的鬬爭，而令社會陷入混亂。這都是老子哲學所要反對的。對於劉老師所提出的「人文自然」概念，筆者認為不但解釋了老子的政治哲學，而且回應了時代問題。正如西漢初年，社會經歷多年戰亂，好容易才建立新政府，回復了社會穩定，所以蕭規曹隨，以無事治天下，很能安定社會，促進發展。有學者以為老子主張一種反智愚民的政治哲學，他們只是看到表面的不作為，而昧於自然之道。因此，「人文自然」的觀念就非常醒目，也能夠回應學者對於道家的批評。

要達到人文自然，政府就要減少不必要的作為，乃至無為而治。無為就是達到自然的途徑，「無為」與「自然」這一對概念，對於老子哲學來說，是不能獨立地提出的，兩者在理論上有必然的關係。關於一個政府怎樣才能達到人文自然，老子說：

> 太上，下知有之。其次，親譽之。其次，畏之。其下，侮之。信不足，安有不信。

「最高級的政府，下面的百姓知道有它而已。其次，百姓親愛、讚譽它。再次，百姓畏懼它。等而下之，百姓侮辱它。政府的誠信不足，於是百姓不信任它。」老子認為最好的政府，宛如不存在，它不強行作為而干擾百姓，百姓也僅知道它的存在而已。其次，就是以仁義來治國，對百姓施予恩惠，所以百姓愛戴政府。再次，就是用刑法來維持威權，使百姓懼怕而馴服。最下乘的政府，就連刑法都用不好，受到百姓的唾棄。由此可見，在老子心目中，最好的政府就是維持人文自然的政府，令百姓安居樂業，而忘記政府的管治，就好像魚兒相忘於江湖。對於君主，老子也提出了他的期望，老子說：

猶呵，其貴言也。成功遂事，而百姓謂我自然。

「一副猶豫的樣子，他慎重自己的說話。成就功德，成功政事，而百姓都認為我自然。」關於最後一句，有些版本作：

百姓皆曰我自然。

這就可以語譯為：百姓都說：「我自然。」如此的話，「我」就是百姓自我稱謂了。然而，劉老師指出，「曰」字較早出，見於甲骨文、金文，而後來概念分工趨於細密，就出現了「謂」字，而這裡當作「謂」。「謂」不只是說的意思，而有評論之意。此外，「我」當指貴言、成功、遂事的君主。這句的意思就是：百姓都評論人君是自然的。所謂君主自然，是指他治國時，實踐了自然之道。還有，所謂「貴言」，即是不輕率下政令，思前想後，好像很猶豫的樣子。因此，這幾句都是就君主治國來說。

由此看來，這一章是講人文自然之道。一方面，老子主張政府減少不必要的干預，好令百姓從繁瑣的政策中解放出來，自力更生，享受自在的生活；另一方面，老子指出人君要謹慎下令，成功了也不貪佔功勞，讓百姓覺得他自然。此外，老子又提出一個理想的政府，必須有誠信。這就與人君「貴言」，不輕易下令，而一旦下令就要貫徹始終有關係。所謂實踐自然之道，不等於輕易，我們不要等閒視之。首先，人文自然之道，重視的是智慧。君主須要懂得判斷甚麼事該做，甚麼事情不應該做，否則政事就會混亂，或者廢弛。其次，人君必須節制一己的私慾，不為了個人利益而妄為。還有，就是政府必須信任百姓，讓百姓走他們自己該走的路。這就是放開一步，而成就天下人的大道。所謂「自然」，不是與「人文」對立的概念，甚至不是霍布斯所謂的「自然狀態」。自然之道就實現在人文世界之中，而成功為「人文自然」的境界。

希言自然

老子所說的「自然」，就是「自己如此」的意思，與現代漢語所謂的「大自然」、「自然界」意義不同。所謂「自然」，就是相對於他然來說。如果一件事物不是順乎他本來的樣子發展，而是受到外在因素干預、妨礙、阻塞，以致扭曲了他原來的本性，那就稱不上是自然的了。當然，如何是一件事物本來的樣子，我們難以給出嚴格的定義，但這不代表老子所說的就沒有指引性。比如教育小孩的時候，我們順乎他的天賦、性格、喜好去引導，而不是一味強制禁令，違反他的天性，這就合乎自然之道了。又如一個政府，對於它的政策，我們仍可大概判別如何是合乎自然之道的，如何就不順乎自然。也就是說，對於「自然」的概念，我們不必能嚴格界定，也未必能指出它的明確判準，但不代表我們不能大體判斷怎樣才合乎自然之道。而老子認為，無為就是自然之道。當我們不作為，乃至不自作主張，因順天下萬物的時候，就能順應自然了。無為，或減少不必要的作為，而與道為一，就是自然之道了。無為就是達到自然的重要指引。老子說：

希言自然。飄風不終朝，暴雨不終日。孰為此，天地而弗能久，又況於人乎！

「寡言而順乎自然。疾風不能維持一個早上，暴雨不能持續一整天。甚麼令得事物如此？天地尚且不能長久，何況人的作為呢？」所謂「希言」，是相對於「多言數窮」來說，「言」也是一種作為，「多言」等於妄為，「希言」大概相應於無為。因此，「希言」就是順乎自然。疾風暴雨就有如人一時發怒，妄言妄語，終不能長久。這就有如天地尚且不能長久，何況人為呢？因此，人要實踐無為，回歸自然之道，才能長治久安。不但治國如此，安家亦如此，立身亦如此。無為而自然，就是安身之道。老子繼續說：

故從事而道者同於道，德者同於德，失者同於失。同於德者，道亦德之。同於失者，道亦失之。

「因此從事於道的人，同一於道；得於道者同於德，失於道者同於失。同於德者，道亦以德回應他。同於失者，道亦以失回應他。」道是自然之道，就是人各由其道，各遂其性。道不強令人有所得於大道。若人有得於道，道就以德回應他。若人有失於道，道亦以失敗回應他。得道者，就是自得；而失道者，也須自己承擔失敗。道不保證人一定過上好的生活。道就好似客觀的規律，若人順從，自然有利；反之，若人失之，也只有自招禍患而已。由此可見，道是自然之道。

關於「自然」，劉笑敢老師指出是事物「本來如此」的意思，即是不受外在的因素所橫加扭曲，因而強調動因的內在性與外在作用的間接性或輔助性。劉老師說：

自然的一個必要條件就是動因的內在性。然而，任何事物、群體都不可能是孤立存在的，必定要受到或多或少的外在因素、外來力量的影響，那麼，在外力無可避免的情況下，甚麼樣的狀況才可以稱為自然的呢？顯然，一個事物所受到的外在因素的影響越少、其作用越緩和、越間接，該事物存在的狀況越可以稱為自然的，或者說，該事物的自然的程度越高；相反，如果這個事物受到的外在因素的影響很大、很直接、很強烈，則該事物的存在狀態就是不自然的。對於這一點，我們可以稱之為外在作用的間接性或輔助性。[73]

一個事物不能不受外在作用所影響，但只要這些作用是間接的、輔助的，一個事物越是按其本身的趨勢發展，則它越是自然的。就如一孩童順其天賦、性格、喜好，而成為音樂家，卻不受多少師長的干預、妨礙、阻塞，那麼他的成長便是自然的。反之則不然。當然，該小孩因為後天沾染惡習，而導致他不能順理成章成為音樂家，那也不是合於自然的。雖然妨害他的不必是外在因素，而是他自己養成的惡習，但這種內在的矛盾，仍然令他的天才不能充分展現，因此是不自然的。劉老師又指出：

從當下的情況來看，自然的狀態也就是「通常如此」的狀態，而由現在的「通常如此」向回追溯，從該事物的最初狀態來看，應該是沒有根本性變化的，因此可稱為「本來如此」。由

70 劉笑敢，《老子古今：五種對勘與析評引論》（北京：中國社會科學出版社，2006年），頁276-277。

現在的狀態向未來推測，自然的狀態應該是很少突變的可能的，如果一個事物充滿意外變化的可能性，那就很難稱為自然的，因此，我們可以推論出，自然的事物在未來的趨向是「勢當如此」。這樣的過程也可以表現為發展軌跡的平穩性，既沒有突然的中斷，也沒有突然的急劇的方向性改變。[74]

這段文字表示了，一般來說，我們對於事物的自然的狀態，也就是「通常如此」的狀態，能夠有所判別。當我們反省其中的竅妙，就能夠發現人可以對萬物作出反省性判斷，以判斷一事物所趨向的目的。比如，我們看見松子，就會想到松樹，松子是趨向成為松樹的目的而發展的。人具有判斷力，因而賦予萬物以目的。當然，我們可以賦予萬物以不同的目的。當我們放下己見，不對事物橫加扭曲，而因順它們的發展，這時我們消除了一己特定的目的，而將自己與萬物一同解放，我們與萬物都成為了自然者。於是，我們看見大道朗現，萬物成為它自己。一方面，在自然之道中，萬物不受我們的特定目的所限制，因而是「無目的」的；另一方面，萬物呈現自然之道，而令我們對於世界秩序的預期，因而是「合目的性」的。由此可見，老子提出自然之道，說萬物自己如此，不就等於是本質主義。反之，我與萬物從所謂的「本質」概念中解放，而令我們生出愉悅之情，就是合於自然之道了。老子的自然之道，與本質主義，乃有一種辯證的關係。

74　同上，頁 277。

人是具有思考能力的動物，人不但賦予事物以目的，而且賦予自身存在以目的。就算是對於一株幼苗，人都會反省它的目的——它是要生長成參天大樹，開花結果的。這是從一顆種子，人就反思到它的目的。而對於死物，我們也可反思它為某個目的而存在。比如陽光和雨水，是為了令地上的生物得以生存而存在。這種目的不是客觀地存在事物之中，而是由人的反思所給予的。大自然生出一切，最後湧現了人，因為人具備反思能力，而自居萬物之靈。人就是大自然生化的最終目的。但是人的心靈，注定是不安於這種自然目的論，而要反思自己為了甚麼目的而生。人有反思，因而注定是要與自然系統破裂，而成為超越者。人的終極目的，不在於安享自然界的最高地位，而是要達到最高的善。這不但是人對於自身的目的性反思，而且整個自然界也趨向這個目的，說穿了，這不過是一種主觀的反思。不過，這種目的性宛如客觀存在，就似上帝創造天地萬物，本來具有了這目的一樣。本質主義者認為，一切事物都具有它的本質，它存在的目的就是要把本質實現。至於後來的存在主義者，就強調「存在先於本質」，即是說所謂本質，是人與世界如是如是地存在了，人才反思它的本質。

由於人不但是自然界的動物，他還具備思考能力，而能夠反思超越自然目的論的目的，即是作為文化者的最高目的。因此，人永遠被兩邊的力量所拉扯。一方面，他要滿足自然欲望，希望獲得幸福；另一方面，他要與自然系統破裂，而成為超越者。除非人不思考存在的終極目的，否則他會處於一種緊張之中，憂心忡忡，不能平伏。也只有放下對於自身與天地萬物的目的性反思，一切才得以暫時解放。老子所講的自然之道，就是一種解放哲學，銷解一己的目的性思考，觀看世界之自己如此。這種因物自然，不主宰，不把持，不佔有的心靈狀態，就是玄德。這裡所謂的「自然」，不同於自然界、大自然的意思；一方面，它是指消除了造作，即是目的性反思，因而是「無目的」的；另一方面，它會合乎人對於世界秩序的預期，因而是「合目的性」的。無目的的合目的性，是自然境界的特性。天地萬物好像具備內在目的，或本質，而又被我們忘記了，於是我們連同萬物都得以解放，這就是老子所說的自然境界。自然之道與本質主義，乃有一種辯證關係。

若要達到自然境界，就須放下自我，不以特定的目的看待萬物，觀物各自生，各遂其性，而其中的關鍵就在於無私。關於自然之道，老子說：

人法地，地法天，天法道，道法自然。

「人效法地，地效法天，天效法道，道就是自然之法。」人能夠無私，就能效法大地無所不載，大地就效法上天無所不覆，上天就效法道，道就是自然之道。關於「道法自然」，王弼解釋說：

道不違自然，乃得其性。法自然者，在方而法方，在圓而法圓，於自然無所違也。自然者，無稱之言，窮極之辭也。[75]

「道不違反自然，於是能夠實現它的本性。所謂『法自然』，在方而效法方，在圓而效法圓，於物之自然無所違反。所謂『自然』，是沒有指稱的言詞，窮究終極之道的語言。」所謂「道法自然」，不是在道之外，另有一個實體叫自然，然後由道去效法。自然不是一個實體，自然是道的法則。自然就是道。牟宗三指出，「自然」不是實字，不是指一個具體的東西可以效法；「自然」是抒義字。老子說：「有物混成，先天地生」，道好像是客觀獨立的實體，或至少有這種姿態。但「道法自然」一句，卻指出道以自然為法。道是萬物之所由，但它本身不主宰把握萬物，道就見於萬物自己如此。萬物各由其道，而成大道。

關於這幾句，李約有不同的讀法，可謂別樹一幟，他說：

道大，天大，地大，王亦大，是謂域中四大。蓋王者法地、法天、法道之三自然而理天下也。

[75] 王弼，《老子道德經注》（臺北：世界書局，1996年），頁15。

> 天下得之而安，故謂之德。凡言「人」，屬者耳，其義云「法地地」，如地之無私載；「法天天」，如天之無私覆；「法道道」，如道之無私生成而已，如「君君，臣臣，父父，子子」之例也。後之學者謬妄相傳，皆云「人法地，地法天，天法道，道法自然」，則域中有五大，非四大矣，豈王者只得法地而不得法天、法道乎？天地無心，而亦可轉相法乎？又況地法天，天法道，道法自然，是道為天地之父、自然之子，支離決裂，義理疎遠矣。[76]

「道大，天大，地大，王亦大，這叫域中四大。因為王者效法地、效法天、效法道之三種自然而治理天下。天下得到他就安穩，所以稱他為德。大凡說『人』，就是類，他的意義是『法地地』，如地之無私承載；『法天天』，如天之無私覆蓋；『法道道』，如道之無私生成而已，如『君君，臣臣，父父，子子』的例子。後來的學者以錯誤相傳，都說『人法地，地法天，天法道，道法自然』，則域中有五大，而不是四大了，豈是王者只能夠效法地，而不能效法天、效法道嗎？天地沒有心，而亦可以輾轉互相效法嗎？又何況地法天，天法道，道法自然，這道為天地之父、自然之子，支離破碎，決裂斷絕，義理疏遠了。」雖然這種讀法別出心裁，但是理據卻十分薄弱。首先，「自然」不是一實字，而是抒義字，所以還是只有域中四大。其次，不是說人法地，就不能法天、法道、法自然，而是說人法地、法天、法道，皆是法自然。

76 焦竑，《老子翼》（上海：華東師範大學出版社，2011年），頁65。

總括而言，「自然」不是與「人文」對立的概念，而是指讓萬物自己如此的境界。人文社會也可以有它的自然境界，於是我們得到「人文自然」的概念。「無為」與「自然」在老子哲學中，關係密切，我們通過無為，因順萬物，從而達到自然。無為，就是輔萬物之自然。所謂「輔」，不是積極操持、控制、主宰，而是放開一步，令物各自生，各遂其性。一位君主，或者一個政府，應該減少對於百姓不必要的干預，百姓就能安居樂業。所謂「自然」，就是「無目的的合目的性」所含的意義，乃與本質主義有辯證關係。要達到自然境界，其中關鍵就在於無私。

十五、嬰兒

摶氣致柔，能嬰兒乎？

老子既以母親來比喻道，又以嬰兒比喻有德之人。嬰兒食於母，正如有德之人食於天下母。天下母乃是先天一炁，有德之人無為而自然，於虛靜之中，先天一炁不採自採。對於有德之人，老子以具體的嬰兒來作比喻。於是老子說：

專氣致柔，能嬰兒乎？

以上是王弼本的句子，帛書作：

摶氣致柔，能嬰兒乎？

「聚集真氣，能夠做到像嬰兒一樣嗎？」嬰兒無知，不但沒有知識，就連概念思考也沒有，甚至未有自我意識。概念思考乃來自分別，嬰兒甚至不知有「我」與「非我」的分別。在嬰兒的世界，沒有內外、彼此之別，它是一片渾沌，與自然尚未完全破裂。於是老子以嬰兒比喻有德之人，聚集真氣，即是先天一炁，而處於柔順的狀態。修道之人，就是通過無為，達到自然，而像嬰兒一樣，食於母道。

關於聚集真氣，不等於腎間氣動，亦不是指呼吸之氣，而是回歸先天。要回歸先天，就要無為虛靜，但不得陷於沉睡，而須要覺照。正如修道的人，須要靜極而動。虛靜至極，即是元神顯象。元神是相對於識神來說，識神即是分別的心，泯滅分別，才能親證元神。然而元神是靜的一面，靜極而動，乃生真意。真意是動，但不等於動妄念，而是覺察、照明。道家學者解釋「打坐」之義，「打」是從「手」從「丁」，「手」是持守，「丁」屬火，指先天之心。所謂先天之心，即是心神不動時所體證的心之本體。至於「坐」，有二人，即是修道的師徒，「土」即是指真意，「坐」的意思是師父給徒弟傳授丹道大要在於真意。所謂打坐，不只是身在打坐，而是神在打坐。元神即是歸寂，真意即是覺照，因此打坐是寂而常照，照而常寂。這個動靜交會之處，也就是玄關妙竅。

所謂玄關妙竅，黃元吉打了個比喻：設想有人呼喚你的名字，你回應說：「有。」雖然是口在回答，但這時卻是乾乾淨淨，剖露元真心體；又如一名醉漢睡在路旁，忽然一碗涼水從頭潑去，那人猛然驚醒，妄念未起，心體就呈現了。就在心體靜極而動之際，就是玄關妙竅，最好把握無妄之心。於此玄關妙竅之中，乃可直透本源，親證此心。老子教人跟嬰兒學習，就是要體證這先天之心。嬰兒無知，但不可說無心，嬰兒所具有的，就是無知之心。

關於老子的這二句，宋常星注解說：

> 未歲之赤子，元氣未散，乾體未破，百無一知，正是氣專之妙。百無一能，正是致和之妙。因專氣致柔所以無欲無知，無思無慮，神氣故能抱一，魂魄故能相隨。吾見今之內煉者，雖歛藏神氣，不過除其妄想，調其呼吸而已，神不能入氣，氣不能歸神，真息不相依，故不能抱一。專氣致柔，如嬰兒有自然之妙，是故太上發明專氣致柔，能嬰兒乎二句。[77]

這段注解指出，嬰兒無知，渾沌尚未鑿開，元氣尚未耗散，正是專守真氣的妙處。百無一能，處於無為，正是達到與道和諧之妙。因為專守真氣，沒有欲望、知識、思想、憂慮，因此能夠神氣合一，魂魄不分離而相隨。至於現今的內丹修煉者，雖然內斂收藏神氣，不過是除去妄想，調和呼吸而已，神氣不能相合，而真息沒有相依，所以不能合抱一。專守真氣達到柔順，就似嬰兒有自然的妙處，因此老子闡明「專氣致柔，能嬰兒乎」二句。這裡指出內煉者不但要收斂精神，由向外放射，改為向內收斂，也不只除妄想、調呼吸而已，而是要回歸純粹意識，與道為一。這是之所以老子用嬰兒來在比喻，返回渾沌的狀態。如此，才能食於天下母。

人的成長過程中，慢慢學會概念思考，對萬事萬物作出分別。直到老年，因為出於習慣，他們所運用的概念會成了定型，甚至僵化。因此，人要向嬰兒學習，處於柔順，任物

---

77 宋常星，《道德經講義》（臺北：東大圖書公司，2019年），頁34。

自然。雖然人在成長的過程中，須要積累知識，運用理性去應付紛亂的世界；但是為了食於天下母，與道為一，人要向嬰兒學習。當人的一生，經過了複雜的概念思考後，又將之放下，好像回到起點。所謂好像回到起點，不等於真的回到起點，而這卻不是多此一舉。人經歷概念分別的洗禮，然後才到達更高層次的境界。一方面，人有理智，經歷多姿多采的人生；另一方面，人又可以做工夫，超越理智，而重新與道合一。牟宗三指出，道家人物就是在心上做工夫，在性上得收穫。就是這個意思。

人經歷理性而超越理性，創造文化而超越文化，達到更高的境界。人乃向嬰兒學習，回歸於大道。嬰兒無知，但不可說是無心，他是有無知之心。有德者契合大道，止息後天之心，而返回先天的本心，恢復純粹意識。如是，就能聚集真氣。真氣不是指後天的氣，而是先天一炁。先天一炁不可以有為去求，而是要人無為，處於虛靜之中，先天一烈自然不採而採，自然食於天下母。老子既說母道、玄牝，又說嬰兒，從這些比喻之中，乃能見老子之道。當然，道就如母親，而人可以投靠天下母，就像嬰兒投入母親懷抱。這就要人不起概念思考，停止分別，乃至於放下「我與非我」的分別，不從無限界畫有限，順應自然，這樣就能與道為一。老子以嬰兒比喻無為虛靜，令人有具體的參考對象，更容易明白，更切實地做工夫，而這是老子哲學的優勝之處。

得道於心，謂之有德。這不同於得之於外，有些事物加之於身，而是得之於內，冥契於道，而為有德。所謂與道為一，就是銷解自我，不分別「我與非我」，而將自我的界線淡化，以至泯除。若然泯滅自我的界限，就能回到純粹意識，沒有彼此、人我、內外之別，而回歸渾沌。關於渾沌的狀態，老子以嬰兒來作比喻。初生嬰兒，尚未有概念思考，所以也不作分別，而是處於完全被動的狀態，來接受這個世界。初生嬰兒也沒有自我意識，因而在他的意識中，尚未與自然破裂，而維持在和諧統一之中。人是有了自我意識，才告別自然。但是，自我意識不是一時三刻能夠建立。人是在成長的過程中，與外界接觸，逐漸建立自我，而到了老年，人生經驗日深，才擺脫不了自我。由於人有分別心，又能作出概念思考，所以能夠不斷增加知識，而心中的點染就越深。所謂概念思考，有其對偶性，比如我有「紅色」的概念，就是將「紅色」從其他事物區別開來，於是有了「紅色」與「非紅色」的分別。當人的概念思考越發達，他離開純粹意識就越遠。

若要冥契於道，就須要放下概念思考，不作分別，而回歸渾沌。只有處於渾沌之中，不從無限之中畫出界限，人才能得道於心，而為有德。因此，道不是一個對象，我們不能好像佔有一般事物那樣，來得到道。只有銷解自我，放下概念思考，像嬰兒一樣無知，就能夠與道為一。老子多次以嬰兒來打比喻，形容有德者的狀態，他說：

含德之厚者，比於赤子。蜂蠆虺蛇弗螫，攫鳥猛獸弗搏。骨弱筋柔而握固，未知牝牡之會而朘怒，精之至也。終日號而不嚘，和之至也。

「含有深厚之德的人，好比嬰兒。毒蟲毒蛇不會咬刺，惡鳥猛獸不會搏噬。筋骨柔弱而握固，未知男女交合而勃起，這是精之至極。整天號哭而氣不逆，這是和之至極。」當修道者銷解自我，回歸純粹意識，食於母道，就不會主動作為，惹來傷害。他會像嬰兒一樣柔弱，但精力充沛，達到了和諧的狀態。此處所謂「和」，是指與道為一，與自然和諧統一。一方面，他的身體改變，是「精之至」；另一方面，他放下自我意識，回歸於道，是「和之至」。對於這種和諧的狀態，老子解釋說：

知和曰常，知常曰明，益生曰祥，心使氣曰強。物壯則老，謂之不道，不道早已。

「知曉『和』的狀態就叫做『常』，了解『常』就叫做『明』。增益生命就是妖祥，以心來運使氣就是勉強。事物發展至於壯大，就會趨向衰落老化，這是不合於道的，不合於道就會早亡。」知曉「和」就合於常道，了解常道就是智慧明白。至於「益生」，一般人追求名利，以為有益於一己的生命；而修道的人，卻想以修煉來增益生命，這都是妖異的徵兆。專心運使體氣的人，不是因應自然，所以是勉強。因為增益生命至於壯大，就會物極必反，而轉向衰敗。因為這是不合於道。老子指出，要契合大道，不是要增加生命內容，而是要減損自我，以至於無為。若不了解大道，就會早亡。於此，老子以老死來作對比，突出嬰兒的生機勃發。嬰兒不執自我，所以處於和諧狀態；反之，執著自我的人，就算是如日方中，也會步向老死。然而，若是衰老之人不執自我，也能夠像嬰兒一樣，食於天下母，而與道為一。嬰兒無知而和諧充足，因此人要跟嬰兒學習，得道於內，而為有德者。

關於這一章，宋常星注解說：

> 恭聞天地有自然之道，而運化無為，赤子有自然之德，而含蓄其妙，故人心不可不安閑，性不可不寂靜，氣不可不沖和，神不可不泰定。倘若不然，德性不純，神氣不和，命根不固，生死關難逃，喪生之害必有。若能隨物順理，因事致宜，可喜而喜，喜不失聲，可怒而怒，怒不失色，含德之妙，可同天地，可比赤子，又安有困辱之事、橫惡之害，加我之乎身？經言正明此義。[78]

「恭聞天地萬物各有自然之道，運動變化而無為，嬰兒具有自然之德，而含具蓄積自

78 同上，頁 245。

然之道的妙處，因此人心必須安閑，本性必須寂靜，氣必須沖和，神必須泰定。倘若不是如此，德性不純粹，神氣不和諧，命根不堅固，生死關難以逃避，必有喪失生命的災禍。如果能夠隨順事物之理，因應事態達到合宜，可喜樂就喜樂，喜樂而不失聲，可怒放就怒放，怒放而不失色，含具德之妙處，可以同於天地，可以比於嬰兒，又怎會有困苦折辱的事、橫生的災害，加在我的身上呢？經文就是說明這個道理。」由此可見，遵從自然之道，就有自然之德。具備自然之德的人，就似嬰兒不作為，心性安寂，神氣康泰，因順萬物，而不失時宜，可喜可怒，不失本性。既不主動招惹禍患，也就沒有橫禍加之於身。學習嬰兒，回歸天真，就能契合大道，而具備自然之德。

總括來說，老子既以母親比喻道，謂之為天下母；又以嬰兒比喻有德者。嬰兒之食於母，就如有德者食於母道。當人止息後天之心，就能無為而虛靜，先天一炁不採自採。老子教人向嬰兒學習，就是教人放下概念思考，對於自我與世界不作分別，而與自然和諧統一。但成人畢竟與嬰兒不同，他們經歷人文化成的洗禮，而當他們超越文化，回歸無知之心，就能達到與道為一的境界。因此，老子的自然之道是超人文的。人們既能作概念思考，又能夠放下思考，而回復純粹意識，這與初生嬰兒根本未經破裂，而又超越之，就有所不同了。

後記

《老子》一書，無疑是男人說給男人聽的女人經。

老子以女人來比喻道，她有如少女，蘊藏無窮可能性；她可以長大成熟，嫁作人婦，生兒育女，變成母親，而天下萬物都可以成為她的孩子。

她似水柔順，體貼男人；又似慈母，呵護子女；又像老婦，主持家務，成就一切，而不把持，不主宰，不佔有，讓人各成其是。女人是偉大的，只要你給她材料，她就為你準備豐盛的晚餐；只要你給她種子，她就孕育生命；而只要你給她愛，她就為你建立溫暖的家！

道就是永恆的女性。天主教之營造出聖母的形象，是為了照顧教徒的情感需要，在嚴厲的天父之外，提供一個可以傾訴及倚靠的女性。這又有如佛教東傳，來到了中國，觀世音菩薩即以女相示現，聞聲救渡。永恆的女性可敬可親。

永恆的女性不但是高高在上的神祇，受人膜拜，而且以不同的形相出現人間。她可能是你家中的母親、姐妹和妻女，也可以是你的女同學、鄰家女孩、閨蜜、夢中情人，乃至是公園裡的老婦、公司裡的清潔阿姨、商店裡的女售貨員、熒光幕上的女星、街角與你擦身而過的女性路人，甚至是撫慰人心的妓女。

永恆的女性無所不在，無刹不現身。在你成功之時，她為你慶幸；在你落魄之時，她安撫你的悲傷；在你寂寞之時，她撫慰你的空虛；在陽光普照的夏日，她盛開如江南的青荷；在漫天繁星的冬夜，她溫暖你如熊熊爐火。

尼采說過，真理就有如披上面紗的女性，而女性是個謎，答案就在於懷孕。他又說兩隻動物不會遇上對方，而戀愛就是狂歡，也是苦刑；縱是最甜美的愛情，也是苦澀的，但且飲盡愛情的苦杯，與女性戀愛能使我們超越自我，而成為更高的存在。

然而，尼采仍然是哲學家，是一個艱苦的攀登者，他還未達到老子的高度。老子是在大地的頂峰上，甚至是高出頂峰攝氏一萬度，與永恆的女性踏歌的起舞者！老子同時是天地的嬰孩，生於天地，安於大道，食乳於天下母。

老子向一切男性喊話，教導他們回歸還未學會笑的階段，融化在一片純粹之中，安然無事，然後天下大治。

漢初張良經歷了多年的戰事，為劉邦出謀策劃，仍然不失赤子之心。至於司馬遷起初聽聞張良的故事，以為其人必是魁偉的壯漢，但一看其人畫像，卻發現他貌似一名安靜閒適的少女。天下男兒勇敢剛強，要是學會一點老子之道，效法女性的智慧，那就會變成如水無形，深不可識。

如果你是一名活躍的行動者，那麼你要學會處女的安靜。一味散發陽氣，終至銷亡殆盡；因此，人須要學會陽極而陰，收攝凝斂，玄默潛藏，歸根復命。在天下紛擾之時，回歸內在的安然寧定。

且看少女，是如此青春美好，是如此俏麗動人，是如此令人傾倒。女人是天下一切男人的歸宿，他們生於女人，愛慕女人，拜倒女人，侍奉女人。

又如大道。

我是這樣讀老子的

作者：何震鋒
編輯：青森文化編輯組
封面設計：梁穎然
設計：4res

出版：紅出版（青森文化）
地址：香港灣仔道 133 號卓凌中心 11 樓
出版計劃查詢電話：（852）2540 7517
電郵：editor@red-publish.com
網址：http://www.red-publish.com

香港總經銷：聯合新零售（香港）有限公司
台灣總經銷：貿騰發賣股份有限公司
地址：新北市中和區立德街 136 號 6 樓
電話：（886）2-8227-5988
網址：http://www.namode.com

出版日期：2022 年 11 月
ISBN：978-988-8822-19-5
上架建議：哲學／中國哲學
定價：港幣 130 元正／新台幣 520 圓正